まなの本棚

芦田愛菜

小学館

まなの本棚

目次

第2章 本好きへの扉を開いた6冊

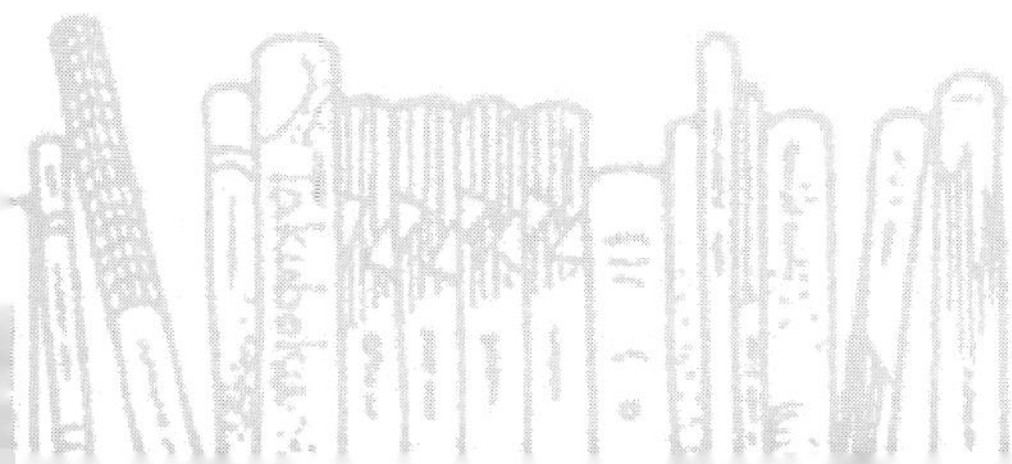

第3章 まなの本棚から84冊リスト

●ここからスタート！の絵本●

●小学生で夢中になった児童書●

●次々と読破したシリーズもの●

●世界を広げた海外児童文学●

●興味がつきない体の不思議●

●気になったらすぐに開く図鑑●

●ゾワッとするSF小説●

対談

● 日本文学〈江戸時代〉エンタメ充実! ●

● 日本文学〈明治時代〜〉人生や恋に悩んだり ●

● 太宰治より私は芥川龍之介派! ●

戦争について考えるきっかけに

海外文学　答えは一つじゃないはず

そしてこれからも…

コラム

好きな登場人物

【男性編】

【女性編】

prologue

宝探しみたいに本の世界へ入っていきます

「愛菜ちゃん、何が欲しい？」と聞かれたら、小さい頃から、真っ先に「本が欲しい！」というほど、私は読書が大好きな子供でした。

ぬいぐるみやゲームで遊ぶのと同じ感覚で、私にとって本は、ずーっと遊んでいられる、おもちゃみたいな存在だったのかもしれません。

「なんで、そんなに本が好きなの？」

そう聞かれるたびに考えるのですが、きっといろんな理由がある中で、まず一つわかっていることは、ページに並んだ活字から自分の想像で物語の世界を作り上げていく楽しさです。

自分で自由にそのお話の場面の情景や登場人物の姿まで想像できるのはなんといっても魅力的！「この物語に出てくるこの女の子はこんな服を着てこんな髪形かな？」「住んでる街はこんな場所かな？　お家はこんな感じで部屋の中は何があるかな？」……そんなふうにどんどん思い描いていくことができます。

今はこんなに便利な世の中になって、インターネットで調べれば何でもすぐわかったり、答えも見えたりしてしまう時代です。本はまんがや映画のように絵や映像をそのまま見せてくれるわけではないので、入り込むまで最初はちょっと読み進めにくいかもしれません。でも、決まったものだけを与えられるのではなく、自由に考える余地があるって楽しくないですか？　本だったら、自分自身の想像力で物語の世界に出てくるすべての色も形も好きに決めてプロデュースできるんです。

頭の中で組み立てて世界を作っていく読書の魅力を知ってしまったら、もうこの楽しみは手放せません。ページをめくっていくと、その先には自分が知らなかった未知の世界が広がっているんです。文字にどんどん吸い込まれていくと、おもしろいことが次々待っているんです。ワクワクしちゃいます！

そしてもう一つ、私は「自分とは違う誰かの人生や心の中を知ること」に、すごく興味があるんだと思います。

私一人の人生だけでは経験できないことや、自分では考えもつかないような発想が本の中には詰まっています。だから本を読むたびに、「こんなふうに考える人もいるんだな」「こういう世界もあるんだな」と、発見があるんです！

私は小さい頃からお芝居のお仕事をしていて毎回いろんな作品に出演させていただいているのですが、自分とは違う誰かの人生を知って感じることができるのは、大きな喜びです。

もしかしたら、お芝居で誰かの人生を演じることと、本を読むということは、自分以外の誰かの考え方や人生を知る「疑似体験」という意味で、とても近いものなんじゃないでしょうか。だから、私は本を読むことが好きだし、お芝居することが好きなのかもしれません。


そんなふうに私が本好きなのを知っている方たちから「愛菜ちゃんのおすすめの本は何?」と聞かれることもあるのですが、そのたびにいつも「うーん、おすすめかぁ……」と悩んでしまいます。

人それぞれの見方や考え方があるので、私にとって感動的な本だったとしても、それが他の人の心にもすごく響くとは限らないかもしれません。「この本の主人公の気持ちに今の私はすっごく共感できてよかったけど、誰にでもそうとは限らないかも……」ってものすごく考えてしまうんです。

私にとっては読みたい本を見つけるのは宝物を発見するのと同じで、自分で探し出したりめぐり会ったりするからおもしろいんだと思うんです。誰かに「はい! これ」って差し出されただけじゃちょっとつまらない。本は人との出会いと同じで、出会おうと思って出会うんじゃなくて、気づいたら出会ってしまうってこともあるんです。

私自身、誰かに「これ読んでみて」と言われた本よりも、「何だかこの本に呼ばれてる!」って直感して手に取った本のほうが、出会うべき一冊だったたってことが多いのです。だから、他の人に「おすすめは?」と聞かれると、その人の大切な本との出会いを私が決めてしまっていいのかな……?って。

やっぱり、その時に自分自身が惹《ひ》かれて選んだ本が、その人の人生を変えてしまうような「運命の一冊」になることが多いんじゃないかと思います。

もちろん、「この本、すっごくおもしろかった!」って感動を友達や周りの人に伝えたくなる瞬間はたくさんあります!

なのでこの本では、私が普段どんなふうに本を読んで、生活の一部に本が入り込んでいるのか、どうやって本を選んで、それぞれの本にどんなことを感じているのか、そんなことをお伝えできればと思っています。

ページには限りがあるので、私の好きな本、大切な本のすべてをご紹介するのは難しく、その間にも日々、私の本棚の本は増え続けています。

本が好きな人はもちろん、これまであまり本を読んでこなかった人も、子供も大人の方も、もし「私の本棚」をのぞいてくださったことで、「普段はあんまり本を読まないけど、ちょっと読んでみようかな?」というきっかけになっていただけたら、ほんとうにほんとうにうれしいです。

Mana's Album 1

3才 公園でジャングルジム

4才 初めてのスキー

第1章

語り出したら止まらない!
芦田愛菜の読書愛

いちばん最初の読書の記憶

今でこそ、私にとって「本はいつでも自分の近くに、あたりまえのようにあるもの」ですが、思い起こせば、読書が好きになったきっかけは、父と母に読み聞かせをしてもらったことだと思います。

小さい頃読んでもらった本でとても印象に残っているのが『コンビニエンス・ドロンパ』(文・富安陽子　絵・つちだのぶこ　童心社)という絵本です。

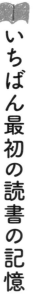

これは、おばけのコンビニエンスストアに夜中、いろんなおばけがやって来るお話なんです。「くさきも　ねむる　うしみつどき……」なんて、「くさき?」「なにみつどき?」って意味もよくわからなかったけれど、父がわざと怖〜い声色を使って読んでくれて。ゾッとするんだけどそのリズムが心地よくて、キャーキャー言いながら「お願い!　また読んで!」ってせがんでいたなあ、なんて思い出します。

絵も、店内のおばけ用の商品一つひとつまでが細かく描き込まれていて、じっくり見ていても楽しかったし、その時はまだ文字を読めなかったけれど、絵を眺めて読んでもらって、夢中になっていたのを覚えています。今思えば、絵本の読み聞かせって父や母と私とのコミュニケーションになっていたんですね。

自分で絵本が読めるようになったのは、幼稚園の年少さんの頃だったと思います。その頃、幼稚園のお友達の間で手紙を交換するのが流行っていたので、「私も書きたい！」というのがひらがなを書き始めるきっかけになりました。もともと家でたくさん読み聞かせをしてもらっていたので、絵本や本を通じて文字自体がすごく身近なものだった気がします。それで自然に無理なく、ひらがなを読み書きできるようになったんじゃないかなって思います。

文字を覚えて、自分でも本を読めるようになったおかげで、それ以来、とにかく読んでない絵本はないってくらいたくさんの絵本を読んできました。それは今の私の心の財産になっていると思います。

お芝居のお仕事を始めたのも、ひらがなが読めるようになった3才の頃でした。あまり覚えてないのですが、その頃はまだ幼かったので楽屋にも絵本を持ってきていたそうです。

ドラマ『Mother』（2010年、日本テレビ）に出演したのは5才の時で、台本の漢字にひらがなでルビをふってもらって、台詞を覚えていました。母親から虐待を受けている子の役だった自分の台詞以外の部分も本を読む感覚で台本を読んでいたので、なんとなくストーリーはわかっているつもりでした。

その後は特にドラマを見返すこともしてなかったのですが（自分の出ている作品を見るのは恥ずかしくて、基本見たりしないんです……！）、1年くらい前に『Mother』を見る機会がありました。「懐かしいなぁ」と思っていたら、途中で「あれ……？」と気づきました。私が思っていたお話とは、ずいぶん違うみたい！と……。驚いて、「あれ、ほんとうにこんなお話だったの？」と思わず、周りの人に確認してしまったほどです。

考えてみれば、5才の私が理解できる物語と、中学生になった私がいろんなことを知ってから理解する物語とでは、全然違って当然ですよね。

それは本を読むことでも同じだと思います。小さい時に目にしていたものも少し成長してから読み返してみると、全然印象が変わっている――。そして、それも読書の楽しみが尽きないところじゃないかなって思うんです。

小さな子供向けと思われる絵本も、大きくなってから読み返すと「あれ、こういうことだったんだ！」って、以前には見落としていた教訓やキーワードに気がつくことも多いんです。

たとえば、すごく幼い時、両親に読んでもらって、これもまた印象に残っている『もったいないばあさん』（真珠まりこ　講談社）という絵本があります。

これは、子供がご飯を残したり水を出しっぱなしにしたりしていると、「もったいないことをしてないかい？」と言いながら、どこからともなく「もったいないばあさん」がやってくる……というストーリーです。

幼い記憶では、もったいないばあさんの表情や読んでもらう言葉が怖くてしかたありませんでした。その絵本を見るのも怖くて、本棚の奥に押し込んで、ずーっと目につかないように隠していたほどでした。

でも小学生になったある時、思いきって読んでみたら、あれ？　意外とそんなに怖くない……。むしろ、「ものを大切に」っていう強いメッセージが込められた絵本だったことに気がつきました。

「あ、そうか。こんなに大切なことをすごーくおもしろく伝えている絵本だったんだ。怖がって遠ざけていたなんて、私こそもったいないことしちゃったな」と反省しました。

最初読んだ時には見過ごしていたけど、実は伏線がたくさん張り巡らされていたんだ！って後から気づくこともあります。

「あぁ、この言葉はこういう意味だったんだな」「実はこの登場人物はこう思っていたんだな」と気がついたり。時間をおいてみると、一冊の同じ本がまた、何度でも楽しめるし、その感じ方の変化も楽しめるんです。繰り返し読むことで違うおもしろさに出会うんですよね。

村上春樹さんに私、ハマってしまったみたい！

中学生になってから、「すごい本に出会ってしまった……！」とドキドキしている本があります。

それが、村上春樹さんの『騎士団長殺し』（新潮社）です。

『騎士団長殺し』の発売時、私は小学6年生だったのですが、その人気ぶりをニュースとかでも見てました。発売前から「村上春樹の新刊が出る！」と話題になっていたし、発売されると、書店の入り口や目立つ店頭にその本が積み上げられるように並べられていたりしていたのも覚えています。

でもちょっと大人の人の本かなって感じもして、これまで一冊も村上春樹さんの本を読んだことがなかったんです。

私が読んでもいいのかな?という何だか敷居の高さがあったし、『騎士団長殺し』は上下巻あってしかも一冊の厚さが何センチもあるような分厚さ。簡単に読み込める本ではないなあって圧倒されて手に取ってみようとはなかなか思えなかったのです。

ちょっと手が出せない感じだったのですが、この間たまたま学校の図書室で『騎士団長殺し』を見つけました。

「そうか、せっかくだから読んでみよう!」と、いよいよ挑戦してみたんです。そこで、ページを開いたら……。これが、もうほんとうに、止まらなくなってしまいました!

最初のうちは「えっ? 何の話をしてるんだろう?」と意味がわからなかったり、「あれ、話が急に飛んじゃった! このお話は、次にどこへ行っちゃうんだろう?」と物語の展開にとまどったりすることばかりでしたし、これまで私が読んできた本とは全然違う感覚の本でした。けれど、物語の中で、主人公が一枚の絵にどんどん引き込まれていくのと同じように、読んでいる私もぐいぐいこの本の中に引き込まれていくような、そんな不思議な感覚がありました。

また、ストーリーの展開と同時に感動したのが、細かい伏線が張られていたり、何が起こるんだろうって思わせたりする章ごとの見出しや文章の組み方、言い回しです。これは、ほんとうに「文字ならでは」のおもしろさが詰まっている本だなって衝撃を受けました。

読み終わった後は、もう放心状態です……。

結末まで読み進めたものの、「この物語の中で通ってきた巨大な旅は何だったんだろう？」と疑問符が浮かんだままモヤモヤしていました。ただ単に、自分が想像できるような結末ではなく、「あれ、これってどういう意味だったんだろう？」「この先、この人たちはどうなっちゃうんだろう？」とちょっとスッキリしないくらいの終わり方も、その後いろんなことを想像できるし、読み終わっても心に残ります。

そういう意味で、『騎士団長殺し』は、すごくいろんな想像力が働いた本でした。今後も「あれはどういうことだったんだろう？」と考え続けられる物語だと思います。圧倒されるような、文字通りここまで〝読み応えのある本〟にまた出会えてしまった！って感激でした。

村上春樹さんの作品は文体が独特なリズムだったり不思議な物語展開があったりするので、読む人の好みが分かれる……と聞いたことがあったのですが、私はかなり好きなタイプでした！

　普段は作家さんの名前を意識せずに読む本を決めることが多いのですが、「この本すごい！」と夢中になってしまうような本に出会った時は、その作家の方を確認して、「他の作品も読んでみたい！」と、探していったりします。村上春樹さんの作品もこれからたくさん読み進めていって、また私の中の新しい世界が開けていくのがすごく楽しみです。

読書はお風呂や歯磨きと同じ生活の一部

「愛菜ちゃんは、毎日学校の勉強やお仕事もして忙しいはずなのに、いったいいつ、そんなにたくさんの本を読んでいるの？」

　よくそんな質問をいただきます。

　答えは、「いつでも時間がある時に、気がつけばいつも本を読んでるんです！」

　もし、一日のうち一度も本を開くことができなかった日があったら、

「わー、どうしよう！　今日は一度も本を読んでない！」

と落ち着かなくなってしまいます。「活字中毒なんじゃないの?」なんて周りの人にあきれられてしまうほど。とにかく文字を読むことが好きなんです!

本や読むものが手元にない時は、たまたま置いてあった調味料のビンの裏に書いてある「原材料」「製造元」なんて文章を読んでいるくらいです(笑い)。

小さい頃から、本は生活の中に入っているものだったので、もはや、読書をすることは、歯磨きをしたり、お風呂に入ったりするのと同じぐらい、私にとっては日常の一部です。

ちょっとした空き時間があれば、いつも「あぁ、あの本の続きが読みたいなぁ~」と思ってしまいます。

一日の中で「読書の時間」を特別に決めたりしているわけではなくて、ご飯の後に歯を磨きながらの数分間や、朝、学校に行く準備が終わって、家から出かける前のちょっとした間も見つけて本を開いていることもあります。とにかく一ページでも先に進めたい、と思ってしまうんですよね。

疲れている時に読みたい本とか、悲しい気持ちだから読みたい本というのがあるわけでもなくて、本を読むこと自体が私にとって癒やしの時間、リラックスできる時間なんです。だから本の内容はあまり関係なくて、ちょっと疲れたなって時も、ドロドロのストーリーを読んでいたりするし、現実世界と違う本の世界に行けるってことが大切なのかもしれないですね。

おもしろい本に出会った時は、一度読み始めてしまうと、もう止まりません！　台本を覚える時や、勉強をする時も、もちろん集中はしているのですが、本を読む時だけはもう別世界。誰かに話しかけられても、声が全然耳に入っていなくて、気がつかないみたいなんです。

本の世界に入り込んでいると、あっという間に時間が経ってしまいます。「もうちょっとだけ……もうちょっとだけ……」と読み続けていると、数十分も過ぎていることも！

この前も、歯を磨きながら本を読んでいたら、読んでいた本がおもしろすぎて止まらなくて、20分間ぐらいずーっと歯を磨き続けていたみたいで、母に「いつまで歯を磨いているの!?」と驚かれてしまいました。

友達の家に遊びに行っても、本棚に気になる本があったので見せてもらって読み始めたらついつい没頭しちゃって、「愛菜〜、いつまで読んでるの？」と友達に本の世界から呼び戻されちゃった、なんてこともありました（笑い）。

それだけとことん集中してしまうので、ドラマや映画の撮影現場には今はなるべく本を持っていかないようにしています。電車で移動中にも本を読みたいなとは思うんですが、読み始めたら集中しすぎて周りの音が聞こえなくなって電車を乗り過ごしちゃうかも、ってがまんしています。

3〜4冊を同時並行で読むことも

1年間にどれくらいの本を読んでいるの?と聞かれたことがあって、数えてみたら、100冊以上の本を読んでいました。

読み方も、学校の課題の本を読みながら、自分の好きな小説を1〜2冊。それに図鑑をパラパラ広げてみたりと、3〜4冊の本を同時並行して読むこともよくあります。どの本もページを開いたらすぐその世界の続きに入って切り替わるので、同じ時期に違う本を読んでいても混乱したりすることはないんです。

「早く先を知りたい!」という気持ちが強いせいか、本を読むスピードは、けっこう速い方みたいです。

それほど厚くない文庫本だったら、だいたい2〜3時間で1冊読み終わってしまいます。速読などの特別なトレーニングはしたことがないのですが、私があまりにも速くどんどんページをめくっているので、母から「ちゃんと読んでるの？」と疑われて、本の内容をわかってるかチェックされたなんてこともありました（笑い）。

最近気づいたのは、本によって、ページをめくるスピードは変わるということ。物語の世界に入りやすくて、ぐんぐん読み進んでいく本もあれば、「いったいどういう意味なんだろう？」と一行一行をじっくり目で追うようにして読む本や、前に戻って確認しながら読み返したりする本もあります。

ただ、いずれにしても「早く続きが読みたい！」「結末が知りたい！」という気持ちは変わりません。だからどんどんページをめくっていってしまうんですね。

この感覚を何かに例えるとすると、「楽しみにしていた連続ドラマの放送の次の回を待つ1週間が待ちきれない感覚」に、ちょっと似ていると思います。

だから、一冊全部読み終わってしまった後は、大好きなドラマが最終回を迎えた時のように、いつも「あぁ、読み終わっちゃったなぁ……」とちょっとロスというかさみしい気持ちになってしまうこともあります。

早く結末は知りたいけど、ラスト数ページは名残惜しい気持ちでいつもページをめくります。

背表紙がキラリと光って見えるんです

おもしろい本と出会うには、読む人自身が「自分が読みたい！」と思う本を読むのがいちばんだと思います。

でも、世の中にはすごくたくさんの本があるので、

「じゃあ、愛菜ちゃんは、いろんな本の中から、どうやって読む本を選んでいるの？」

という質問も、よくいただきます。

私は学校の図書室に行くことが多いのですが、書店や近くの図書館にもよく行きます。書店や図書館は、本のジャンルによって書棚も分かれていますが、特に「この棚に行こう！」と決めているわけでもありません。その時の気分に任せてふらっと歩き回ります。だからこそジャンルを問わず、「あ、これ知らなかった」「おもしろそう！」と思える意外な本に出会えるのかもしれません。小説からノンフィクション、エッセイ、伝記や科学もの、図鑑など、その時の興味で何でも読んでしまいます。

本を選ぶ時は、本の間に挟まっている本の宣伝チラシや、本の後ろについている他

の本の紹介文などを参考にすることもありますし、「表紙の雰囲気がかわいい！」と、〝ジャケ買い〟のように〝表紙買い〟で手に取ったり、好きな作家さんの新作が出たから読んでみよう、っていうことや、芥川賞や直木賞、本屋大賞などニュースになった受賞作品を読んでみたりすることもあります。

でも、実はいちばん多いのは、ずばり、フィーリングに頼ること！

ふらりと入った書店や、図書館の書棚を見ていて感じたままに、「何だかこれ気になるなぁ」と手に取っていることが多いです。

ほんとうに不思議なのですが、本の背表紙を見ていると、背表紙がキラッと光って見えて「あ、この本を読んでみたいなぁ……」と思えるものが目に入ってくるんです！まさに直感で選んでいるのですが、それで「ほんとうにおもしろい！」と思えるような、ものすごく相性のよい本にめぐり会えてきているんです。

手に取ったら帯の言葉やカバーの裏のあらすじを読んでみます。「これ、気になるな」っていう直感はたいていい当たっているんですよ。

もちろん時には、読み始めたら「あれ、この本は思っていた感じと違うかも」なんてこともあります。でも、想像と違ったからといって、読み進めるのをやめてしまうことはまずありません。なぜかというと、最後まで読み進めていくと、意外と「あれ、これってこんな話だったんだ！」なんて、思いもよらない結末になってることも多いからです。むしろ、そんな予想外の発見や知らなかった情報に出会えるのは新鮮で、ちょっと得した気分でうれしくなってしまいます。

もし、どんなふうに自分にとっての「運命の一冊」に出会えるのか考えるなら、まずは「大好き！」「これについてもっと知りたい！」と思えるような、興味の源をたどっていって、その関心にまつわる本を探していくことかなって思っています。

たとえば、ゲーム好きなら、ロールプレイングゲームのように物語形式で進んでいく本やゲームに絡んだ本、ゲームの開発者の本っていうのもありますよね。

もし、野球好きなら、主人公が野球をがんばってやっているような小説や野球チームのメンバーたちの友情を描いた物語、あるいはプロ野球選手が書いた本、野球の歴史や野球に関するトリビアを集めたような本だっていいですよね。そこを入り口として、また次々と本の世界も自分の興味も広がっていくんじゃないでしょうか。

あと、本を読むタイミングもけっこう大切だったりします。

その時「読みたい！」と思って書店や図書館で手に取った本でも、少し時間が空いてしまうと「もういいかな」「こっちの本のほうがおもしろそう！」と後回しにしてしまうこともあります。

書店で買ってきた本なら家に置いておけますが、図書館などで借りてきた本には返却期限があって返さないといけないので、読みたいと思ったら、そのときに読まないと読み逃してしまうんです！

後回しにしていてすぐには読まなかった本でも、しばらく時間が経ってから「あれ、やっぱり読んでみよう」と思い出して読んでみたらすごくハマっちゃった！なんてこともあります。

タイミングって、とっても大切。やはり本は「出会い」ですね。

本の感想に〝正解〟はなくていいのかも

本を一人で読んでいて、「楽しいなぁ」と思う瞬間はいろいろありますが、友達と本の話をして盛り上がるのも大好きです！

最近は、本を読まない人が増えているという話も聞きますが、私の周りでは本を読む友達がわりと多いようです。

小学校の時は、「読書の時間」があったので、クラス全員がいつも何らかの本を読んでいました。図書館で同じ本を借りていたりすることもあるので、「あの台詞、よかったね！」とか「あの登場人物、かっこよかったね！」と、本の話題で盛り上がることもありました。まるで、好きなタレントさんや好きなゲーム、ドラマの話をしているような感じで、みんなでワイワイとおしゃべりします。

小学校のクラスでは、はやみねかおる先生の本が大人気で、その本が大好きな女子と男子４～５人で、給食の時間に集まってずっと話をしていたこともありました。

女子と男子では、物語に対する考え方とかおもしろいと思うポイントが違ったりすることもあるので、男子の意見を聞いて「なるほど。その言葉を、そうとるんだなぁ」「こういう視点もあるんだな」なんて感心することも多かったです。

本の感想や情報を交換し合える人がいると、自分では気がつかなかった発見もあって、また楽しいんです！

本を通じて、いろんな人の意見を聞いていると、「どの意見や感想も間違っているなんてないんだろうな。どんなことにも、いろんな人のいろんな意見があっていいんだな」って、感じることが増えました。答えは一つじゃなくて、すぐには見つけられなかったり、人それぞれの考え方や見方があったりするってこともわかってきました。

きっと、どの本でも、作者が、「この本の感想として、正解はこれです」と決めて書いていることはないんじゃないでしょうか。むしろ、読んだ人が自由に感じて考えられるように書かれている本が多いように思います。だから、みんなが同じ感想を持つ必要はないし、いろんな視点があっていいんだなってことを、本を通じて、学んでいる気がします。

もちろん、私も友達と本の話ばかりしているわけではなくて、テレビの話やいろんなおしゃべりをしているんですよ。友達の家に行ったらゲームを一緒にして楽しんだり。でも私、恥ずかしいのですが、ゲームのセンスがあまりないのかも。上手ではないんですよ（笑い）。

本はページを開くだけで、いつでもどこでも、何の準備もいらずにすぐ好きな物語の世界に入れるので、そんな手軽さも、私が少しでも時間があればついつい本を開いてしまう理由かもしれません。

紙の本の手触りが好き

本は「読む」のも好きですが、「モノ」そのものとしての本、紙の手触りも大好きなんです。

新しい本を買ってきたら、まず表紙を開く瞬間は、宝箱を開けるように、さあ、これからどんなことが起こるんだろうって待ちきれない気持ちです。

ハードカバーの新品の本は最初に表紙を開くと、製本でとじているノリがはがれてパキパキッと音がするのですが、これが、もうたまりません！

ページの間にスッと挟まっているしおりを、読み始める前に引っ張って抜く時も「よーし、これから読み始めるぞ！」という気合いが入ります。帯やカバーの装丁もきっとすごく考えられてデザインされて一体となっての本ですから、外して捨ててしまうなんて考えられません！

出版されてから何十年も経ったような古い本も、その本が積み重ねてきた歴史が漂っている気がして、また別の楽しみ方があるなって思います。

たとえば、図書館にある本は、自分の前に、何人もの人が読んできた本が多いですよね。そんな「たくさんの人が読んだんだろうなぁ」と思わせる古びた感じが残っている本も好きだったりします。

古い本の匂いや、いろんな人がめくってバサバサになったページの質感も、その本が過ごしてきた時間の長さを感じられるようで、とても感慨深いです。

本にシミや折り目がついているのを見つけては、「前に読んだ人は何かこぼしちゃったのかな?」とか「あ、ここで一度折り目を入れて、一休みしたんだな」なんて想像しながら、同じ本を手に取った人が本の中に残している足跡をたどるのもまた別の物語を感じます。

……と、以上、私のちょっとマニアックな本の楽しみ方でした(笑い)。

読むのをがまんしてる時は…

ちょっとの間にも読んでいます

第2章

本好きへの扉を開いた6冊

3才の頃に読んだのと印象がまるで変わってびっくり

『おしいれのぼうけん』
ふるたたるひ／たばたせいいち
童心社

私は幼い頃から、一人で絵本や雑誌をパラパラめくったりしている子だったみたいです。

文字が読めるようになってからは、図書館でたくさんの絵本を借りてきては、よく読んでいました。

でも、その中でも、とっても印象に残っているのが『おしいれのぼうけん』です。

『おしいれのぼうけん』を最初に読んだのは、たぶん3才くらいの頃だったと思います。

保育園にいる男の子二人が、悪いことをして、先生におしいれに閉じ込められてしまうという物語なのですが、おしいれに住んでいる「ねずみばあさん」というキャラクターがとにかく怖かったんです！

あと、印象に残っているのが、本に出てくる絵がほとんど白黒だったこと。

いろんな色が使われたカラーの絵本が多いのに、『おしいれのぼうけん』は鉛筆の白黒で書かれていて、それも暗闇の怖さが伝わってきました。

読んだ後は、本を手に取るのもドキドキするほど。おしいれを見るだけで、「もしかしたら、あの中にはねずみばあさんがいるのかも！」と想像しちゃう感じでした。

それからしばらくはこの絵本のことを忘れていたのですが、小学校の3～4年生くらいになった時に、何気なく本棚からこの絵本を抜き出して、「どんな話だっけ？」と思って読み直してみました。

すぐに「あ！　これ、ねずみばあさんの話だ！」と、思い出していきました。それだけ、ねずみばあさんは強烈だったんです。

２回目に読んだ時も、ねずみばあさんが出てくるシーンは、やっぱりドキドキしました！

ただ、以前は深くわからなかった、男の子たちの友情や、おしいれに子供たちを入れる前と後での先生の気持ちの変化などにも気がつきました。

昔は「ちょっと怖いなぁ」と思っていた白黒の絵も、読み直してみると、実はすごくあったかい。「なんだ〜。こんなにいいお話だったんだ！」って、びっくりしました。

最初は怖い場所だったおしいれが、最後は楽しい場所に変わる。

この物語と同じで、人は何かを経験する前と後では、同じものでも見え方が変わるんだなあって思いました。

同じ本でも、読んだ時によって、こんなにも印象が変わるんだってことに、すごく感動しました。

私も小学生くらいになると、友達と遊んだ思い出もいっぱい増えて、「友達と過ごすのってほんとうに楽しいな！」って心から思うようになりました。

たとえば、私が困っていたら誰かが助けてくれたりとか、悩んでいる友達の相談に乗ってあげたりする。毎日、私にとってはうれしくて幸せなことがたくさんあります。

私は友達からよく「しっかりしていそうだけど、実は大事なところが抜けているタイプ！」なんて言われるので、友達に助けてもらうことも多いんです。


友達と一緒にいて楽しいのは、みんなで団結して何かすること！

学校の行事も、せっかくやるなら、とことん一生懸命に楽しみたいほうです。

特に運動会は「がんばれー！」ってみんなで応援し合いながら、団結する雰囲気が大好きです。

そういう経験があって、私自身が成長したからこそ、きっと『おしいれのぼうけん』に出てくる友情にも気づいて、深いところで共感できるようになったんじゃないかなって思います。


あと、昔はねずみばあさんが怖かった私ですが、今では、ホラーとかちょっと怖い話も読めるようになってきました。

読みながら「怖いよー！」と思うこともあるんですが、続きが気になって、やっぱり終わりまで読みたくなっちゃいます（笑い）。

これも、成長なのかな？

次々と新しい扉が見つけられるファンタジー

『不思議の国のアリス』

ルイス・キャロル（河合祥一郎／訳）
角川文庫

道端に生えたお花が突然お話を始めたり、ニヤニヤと笑う猫がいたり……。

そんなちょっと不思議な世界観が大好きで、ルイス・キャロルの『不思議の国のアリス』は、小さい頃から何度も何度も繰り返し読んでいます。

最初に『アリス』を知ったのは、演じるお仕事をする少し前の3～4才の時です。でも、本で読んでいたわけではなくて、家で時間があると『アリス』のアニメをよく見ていたんです。猫やお花がしゃべったりするのがかわいくて大のお気に入りでした。

その物語が大好きすぎて、アリスが着ているのと同じようなブルーのドレスを買ってもらって、覚えた台詞を言ったりしながら、アリスになりきって遊んでいました（笑い）。


実は、私は小さい頃から「なりきり遊び」が大好きで、友達に「私はこの役をやるから、あなたはお母さん役をやってね」「あなたはお姉ちゃん役ね」なんて役を割り振って、みんなと一緒によくおままごとをしていました。

あと、テレビの歌番組を見ながら歌手の動きに合わせて一緒に踊ったり、物語に登場する登場人物になりきったりするのも、よくやっていたみたいです！

今では、演じるお仕事をさせてもらっていますが、このお仕事が楽しいと思えるのは、「自分じゃない誰かに感情移入をして、自分じゃない誰かが生きている世界を知る瞬間」です。

お芝居と読書は、「誰かになりきること」という意味では、実はとても似ているんじゃないかな？　その気持ちは、もしかしたら、アリスの「なりきり遊び」をしていた頃から変わらないのかもしれません。

『不思議の国のアリス』を本で読んだのは、小学2年生くらいです。

それは、子供向けのシリーズでした。

その後、もうちょっと上の年齢になった頃に、今度は大人向けのオリジナルバージョンを知って、繰り返し読むようになりました。

昔は、単純に「お花がしゃべったり、猫が消えたりするなんて不思議だなぁ！」と楽しく読んでいたんですが、最近、読み直してみたら、印象が変わっていて……。

「あれ？　この物語は、読んでいる人に何か伝えたいことがあるのかな？」と感じました。

たとえば、アリスが追いかける白ウサギが、時計を見ながら「急がないと、急がないと」と何度も口にしているのも、「なんでこんなに急いでいるんだろう？　忙しい大人たちへの警告なのかな？」なんて気になったり。

おとぎ話のようなのに、誰もが素直ないい人というわけではなく、ハートの女王様やチェシャ猫、白ウサギなど、クセのある登場人物がたくさん出てきて、「なんでみんなアリスを助けてあげないんだろう？　深いメッセージが隠れているのかな？」と不思議に思ったり。

ファンタジーな世界のお話だけど、おもしろいだけじゃなく、すっごく深いテーマが隠されていそうで、読むたびに、新しい扉が見つかるようでいつもワクワクしてしまいます。

今度『アリス』を読む時は、どんな発見があるのかな?

友達とこの本の話ですっごく盛り上がってました

『都会《まち》のトム&ソーヤ』

はやみねかおる
講談社

『トム・ソーヤの冒険』は、私ももちろん読んだことがあって、男の子たちが身の回りにあるものを工夫しながら、大人顔負けの冒険に挑戦する世界観にワクワクしたのですが、この『都会のトム&ソーヤ』シリーズは、そんな冒険が現代の日本を舞台に展開していくお話です。

このシリーズは、大好きなはやみねかおる先生の作品の中でも私が最初に読んだ作品で、いまだにとても印象に残っています。

まず、憧れるのが主人公の男子中学生である内人（ナイト）と創也（ソーヤ）の関係性！

内人は社交的で、ちょっと臆病なところもあるけれども、やる時はがんばるタイプ。もう一人の主人公である創也は、頭がよくて一見とっつきにくく見えるけれども、かわいいところもあるツンデレタイプ。

二人は同級生で、いつも一緒にいるわけじゃないけれども、放課後や休みの日には、みんなに内緒でいろんな冒険をしている。

ベタベタしないのに、お互いが信頼し合っているんです。

そして、普段はつっけんどんでクールな創也が、たまに内人に「かまってほしい」というオーラを出したり（笑い）。

お互いの弱い部分をお互いが補い合う関係性にも憧れます。読みながら「憧れるなぁ、私も冒険に行きたいなぁ」っていつも思っていました。

「え、愛菜ちゃんは本ばっかりをずっと読んでるインドア派じゃないの？」なんてよく思われるんですが、私は実はすごくアクティブなほうなんです！

学校の休み時間になると、校庭に飛び出して、友達と毎日バレーボールをしているんですよ。

あと、登場人物たちの会話も自分と距離感が近い感じがして、「どこか遠くの世界で起こっている話じゃなくて、もしかしたら私の隣の町でも起こってるんじゃないかな？」と思えます。

会話の中のギャグもおもしろいので、読みながら声を出して笑ってしまっていることも……。

そして、小学校時代、たくさんの友達とこの本の話で盛り上がれたのも思い出深いです。

私が通っていた小学校では、毎日昼休みが終わった後に読書の時間があって、よく友達と本の感想を言い合っていました。

『都会のトム＆ソーヤ』も、最初は何気なく図書館で手に取って読んでいたら、友達も何人も読んでいたことがわかって、「おもしろいよね！」と盛り上がりました。

図書館にははやみね先生のシリーズの本がたくさんあって、学校で、はやみね先生の本が大人気だったんです。新しい本が出たら、「先生の新刊、ここがすごかったよね！」なんて話をずーっとしていたり。友達の中には「はやみね先生のサイン会に行ったの！」という子もいて、みんなからうらやましがられていました。

『都会のトム&ソーヤ』シリーズは「何も持っていない時にどうやって食糧を得るのか」というようなサバイバル方法もいろいろ書かれているので、女の子だけではなく男の子が読んだら「やってみたいなぁ」と夢中になるかもしれません。

本は一人で読むのも楽しいけれど、誰かと感想を言い合うのも楽しい。

そう思えるきっかけにもなった一冊でした！

辻村作品の〝つながり〟の魅力がわかる一冊です

『ツナグ』
辻村深月
新潮文庫

おもしろい本に出会った時は、一度読み始めてしまうと、もう止まりません！
辻村深月さんの『ツナグ』も、そんな「一度読み始めると止まらない本」の一冊でした。

辻村さんの本は、それぞれの作品の物語がちょっとずつリンクしていて、一冊読むごとに、その世界観がどんどん広がっていくんです。

あと、好きなのは、どの物語も最後の最後に大どんでん返しがあるところ！

ここ数年間で、ずーっとハマっている作家さんの一人です。


辻村さんの本を読み始めるきっかけになったのが、『ツナグ』でした。

図書館でふとこの本を手にとって、『ツナグ』という題名と、「『ツナグ』という使者を通じて、死んだ人と生きている人を一夜だけ再会させてくれる物語」というあらすじを見て、「何だかおもしろそうだなぁ」と思って読み始めました。

今考えてみると、まさに出会いの一冊！　あの時、この本を手に取って、ほんとうによかったです。


『ツナグ』には5人の登場人物による5つの短編が入っていて、それぞれの人が「すでに死んでしまった誰か」に会って、生きている間に伝えられなかった思いを伝えるというストーリーになっています。

物語全体に登場するのが、死んでしまった人と生きている人を引き合わせる、使者（ツナグ）の男の子。

最初のうちは、彼の正体は全然わからないし、とてもミステリアスな存在なのですが、物語が進むうちに、彼の正体や、なんで死者と生者を会わせる役目をしているのか……などが少しずつわかっていきます。

最後まで読み終わると、それまで自分が読んでいた物語に、新しい見え方が加わって、「あれ、この話にはほんとうはこういう背景があったんだ！」「あの話に出てきた人は、この人だったのか！」と、もう一回最初から読み返したくなります。


そのあたりもとってもおもしろいので、ぜひじっくり読んでほしいのですが、5つの物語の中で、私自身がいちばん心に残ったお話は、亡くなった親友に会おうとする高校生の女の子の話です。

彼女は、使者の「ツナグ」に頼んで、死者の国に行った親友を呼び出すのです。親友に会おうと思った女の子側の気持ちを考えるとほんとうにせつないし、一方で、亡くなってしまった親友の気持ちも考えてしまって、このお話を読んでいる時は、とても感情移入してしまいました。


勉強でも、スポーツでも、部活でもなんでも、「もっとうまくなりたい」「いちばんになりたい」という気持ちを持つのは当然だと思います。

でも、誰かに負けてしまった時に、「よし！　私も、もっとがんばらなきゃ！」という前向きな気持ちになれるならいいけれども、誰かに嫉妬してしまうことだってあるかもしれない。

ただ、自分が誰かに対してモヤモヤした気持ちを持ってしまった時に、もしも何か取り返しがつかないことが起こったら、絶対に一生後悔してしまうだろうなって、私なら思います。

時間は絶対に巻き戻せないからこそ、後悔しないために、毎日、前向きな気持ちを失わないでいたい。

そう思った作品でした。

一見些細《ささい》だけど、心の奥底にある「ちょっと言うのが恥ずかしい」に共感！

『言えないコトバ』

益田ミリ
集英社文庫

小学5～6年生の頃に、初めてエッセイというジャンルを読んでみたのが、この『言えないコトバ』でした。

物語とはまた違って、作者自身の思いがつづられたエッセイのおもしろさを知って以来、益田ミリさんのエッセイを何冊も読んでいます。

益田ミリさんのエッセイが私にとって魅力的なのは、何気ない日常の一コマやちょっとした一言から、どんどんお話がふくらんでいくところです。

一つひとつのエピソードが、誰もが心の奥底では思っているようなことで、「そうだよね！」と共感したり、「自分の他にもこういうことを考えてる人がいたんだな」とうれしくなってしまったり。時には、「なるほど、そういう考え方もあるのかあ」と発見ができるものもあります。読み進めていくと、心があたたまるような気持ちになって、読み終わった時には、ほっこりとします。

また、かわいらしい感じの益田さんご自身のお人柄が伝わってくるような雰囲気も素敵です。もしもクラスに益田さんのようなお友達がいたら、きっとすごく気が合うんじゃないかなって思います（笑い）。

『言えないコトバ』には、益田さんが「恥ずかしくてなかなか言えない」という言葉がたくさん集められています。

最近では、「ズボン」を「パンツ」、「チョッキ」を「ベスト」と言ったりするのが、あたりまえになっています。でも、益田さんはそんな新しい言葉を使うのが、ちょっと恥ずかしい……と感じてしまいます。

また、「リスペクト」という言葉を、自分にはたぶん一生使えないだろう……となげいたり。「おあいそ」って言えなくて、どうしても「お会計お願いします」と言ってしまったり。

そんな、恥じらってしまう気持ちがわかるし、「私もそういう言葉は使えないなぁ」とすごく共感がわいてきます。

確かに私にも、恥ずかしくて言えない言葉ってあるなあと思いました。この本に出てくるように、世の中では普通に使われている言葉だけれども、「これを言ったら、カッコつけてるように聞こえちゃうかな?」という言葉って、けっこういろいろあると思うんです。

そういえば、私は「グレー」のことをつい「灰色」と言ってしまいます。意識していなかったんですが、友達と話をしている時に、「愛菜はいつも『グレー』じゃなくて『灰色』って言うよね」と言われて気がつきました。

古くからの日本語大好きな私にとって「言えないコトバ」とまではいかないけれども、同じ意味の日本語があるなら、カタカナ言葉は「言いづらいコトバ」なのかもしれません。

あと、私の両親は関西出身で、私も小さい時は関西に住んでいたので、学校の友達と話していても、関西弁が混じってしまうことがあります。

たとえば、関西弁で何かを片づける意味の「なおす」という言葉。友達に何気なく「あ、その本は、私がなおしておくね」と言ったりすると、友達からは「え、直す？　壊れてた？」なんて反応をされることも……！　そういう時は「あ、ごめん、ごめん。関西では片づけるって意味だよ」と笑いながら答えるようにしています。

こんなふうに、「コトバ」っていろいろ興味深いなあと、ますます知りたくなってしまいます。

まだ答えは出せていないけれども、「生」と「死」を初めて深く考えた作品です

『高瀬舟』
森鷗外
集英社文庫

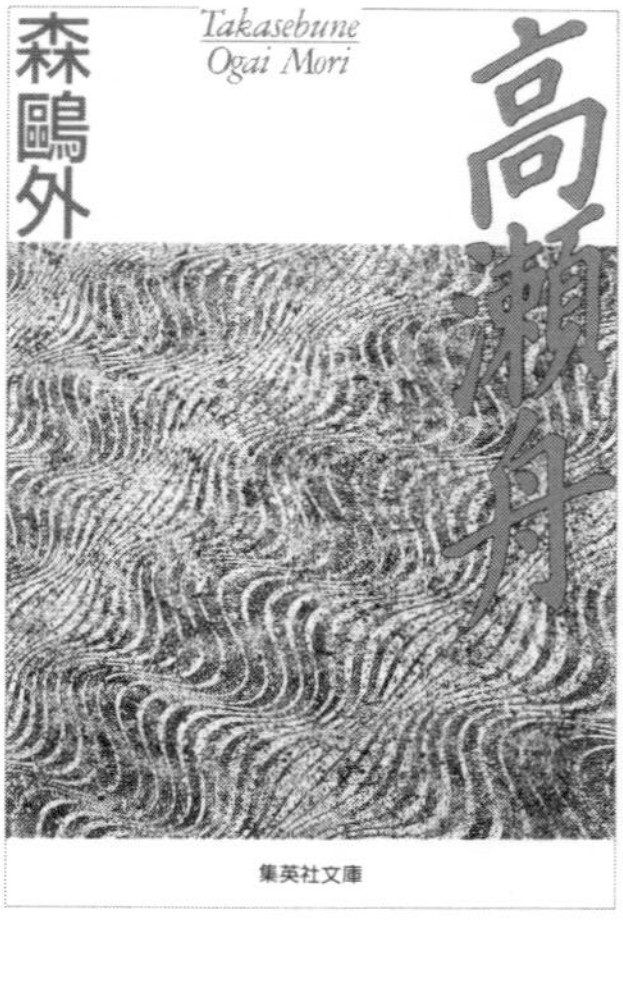

文学の世界は、すごく深くて、すごく広い。
そう思うきっかけになったのは、森鷗外の『高瀬舟』でした。
中学1年生くらいの時、「とても有名な作品だけど、そういえば、読んだことがなかったなぁ」と思って、読んでみました。

約100年も前の作品なので、昔の言葉で書かれていたり、言い回しが古いところもあったりして、最初は「難しそう」とも思ったのですが、読み始めると「なんて深い物語なんだろう！」と、どんどんページをめくる手が止まりませんでした。

『高瀬舟』は、江戸時代の貧しい兄弟の間に起こった「安楽死」をテーマにしたお話です。

苦しがる弟をかわいそうに思った兄が、弟の自殺を手伝ってあげる。現代でいう「安楽死」をさせてあげるのです。

でも、その結果、兄は弟を殺した罪に問われて、島流しになってしまいます。

この本に出会うまで、私は人生で一度も「安楽死」というテーマについて考えたことはありませんでした。

だから、この本を読んだ時、すごく悩みました。

私たちの日常生活にも、誰かのためを思ってしたことでも、それはよくないと言われることは、案外あるのかもしれません。

「もしも、友達をかばうために、自分が嘘をついたとしたら、それは悪いことなんだろうか?」

「自分が誰かのためによかれと思ってやることもある。その場合、どちらが正しいんだろうか?」

といった疑問も、本を読んでいる間中、次から次へと浮かんできました。


いちばん衝撃を受けたのが、弟を殺した罪で島流しになるお兄さんが、「島流しになるのはうれしい」と言うシーンです。

ほんとうなら、島流しにされるなんて、信じられないくらいつらいはずです。だけど、どれだけ一生懸命働いても、三食食べられないくらい貧しい生活を送っていたお兄さんは、「島流しになれば、きちんと仕事も食事ももらえるのがうれしい」と言うのです。


罪を受け入れるだけでも驚きなのに、島で罪人として暮らすほうが幸せだという彼の気持ちは、私がこれまでに想像したことがないものでした。

「もしも自分が、『高瀬舟』の兄弟と同じ境遇だったらどうするだろう?」

「今、あたりまえに過ごしている自分の毎日は、ものすごくありがたいことなのかも……」

そんな考えも、私の頭の中にずーっと残り続けていました。

こんなにも、人間の複雑な気持ちが行き交う物語を、その頃はまだ私は読んだことがありませんでした。ここまで人間の生き方について考えさせられた作品に出会ったのも初めてでした。

そして、『高瀬舟』を読んだことで、「いろんな日本の文学を読んでみたい」と思うようになりました。

『高瀬舟』を読みながら頭の中に浮かんできたそれぞれの疑問について、まだまだ私の答えは出せていません。

ただ、もっともっといろんな本を読んで、いろんな経験をしていったら、きっとその時々で、また違った考え方を見つけられるんじゃないかなと思っています。

5才　ドラマ『Mother』の撮影前

『Mother』で共演した
ハムスターの「すず」ちゃんと

第3章

まなの本棚から84冊リスト

ここからスタート！の絵本

両親に読み聞かせてもらった中でも特にお気に入りだった絵本

『もこ もこもこ』

谷川俊太郎／元永定正　文研出版

私がものすごく小さな頃から、父と母は図書館でいろいろな絵本を借りてきて読み聞かせしてくれていたので、「図書館にあった中で読んでいない絵本はないんじゃないかな？」っていうくらい、絵本はたくさん読んでいます。

そんな中でも特にお気に入りで、よく「読んで！　読んで！」とせがんでいたというのが、『もこ もこもこ』です。

この絵本は「もこもこ」「にょきにょき」「ぎらぎら」といった、擬音語と抽象的な絵が描かれていて、ページを開いて声に出して読むと想像が広がります。

これはストーリーを追うというよりも、絵や語感を感覚的にとらえて楽しむ、そんな子供のようにピュアな心を作者の方は持っていらっしゃるんでしょうね。

また、日本語って、オノマトペ[※]の宝庫ですよね。「お腹が痛い」という表現も、「シクシク」、「ズキズキ」、「チクチク」……どれもイメージする痛さが違います。雨にしても「ザーザー」だったらすごい土砂降りで、「パラパラ」だったら小降り。「しとしと」だったらちょっと梅雨時のイメージかな、なんて光景が想像できます。言葉の音を聞いただけで、みんなが共通のイメージを認識できる。それって、すごいなって思います。

ちょっと大きくなってから読み返してみて、日本語のそんな繊細さにも気づきました。

※オノマトペ　音をまねて言葉にした「擬音語」、状態を音で表現して言葉にした「擬態語」など。

自分が読んで聞かせる側になって改めて気づいた絵本の楽しさ

『ぐりとぐら』

中川李枝子／大村百合子　福音館書店

絵本の中に出てくる大きな黄色ぃカステラがおぃしそうでした！（笑ぃ）

2匹のねずみ、ぐりとぐらはいつも一緒にいて仲よし。こんなに気の合う友達がぃるっていいなあとうらやましくて、「ぐりぐら　ぐりぐら　ぐりぐら」というフレーズをよく口ずさんでいました。

私がまだ文字を読めなかった頃、父や母に読んでもらっていたこの本を、私も小学6年生になって、小学1年生の子たちに読み聞かせしてあげる機会がありました。

自分が読んでもらったのを思い出したり、「どんな声で読んだらいいかな？」とあれこれ考えながら、読み聞かせって、読んでもらうほうはもちろん、読み聞かせるほうも楽しみがあるんだなって気がついたりしました。

「淡々と読んでもらうほうが、自分で想像する余地があっていい」という人もいるかもしれないですが、私自身は、読み聞かせや朗読を聞く時は、抑揚があって気持ちが入ったふうに読んでもらうのも好きです。

人間の感情って、特に誰かに教わるわけでもないものですよね。小さい子供の場合は、台詞に乗せて感情を込めて読んでもらうことで、『怒る』ってこういう感情なんだな」とか「こういう言葉は悲しい時に使うんだな」と、自分の中でも感情を理解して形作っていけるのかなとも思うんです。

最近はドラマの語りのお仕事をさせていただくことがありましたが、その場合は、視聴者の方と共に登場人物たちを応援する気持ちになっていました。また、声優やドラマ、映画のお仕事では、「素の芦田愛菜」をちらりとでも感じさせてしまうと、見ている方が違和感を抱いてしまうと思うので、極力、「素の芦田愛菜」が出ないように心がけています。

演技をする時は、何気ないしぐさや歩き方も「素の芦田愛菜」にならないように気をつけています。たとえば、「コップを持つ」という動作でも、役柄がお嬢様という設定なら、やさしく両手でコップを持つかもしれない。でも、元気がいい性格の女の子なら、バッと片手でつかむかもしれない。歩き方も、その人の設定によって、大股なのか早足なのか、とか工夫します。小さい時から本の中で出会ってきたいろんな人物の感情や動作を疑似体験してきたことが、意識的ではないけれど、そんなところにも役に立っているのかもしれません。

小学生で夢中になった児童書

不思議な力があったらいいなって空想し続けてもいいのかも

『天《あめ》と地《つち》の方程式』

富安陽子　講談社

主人公の中学2年生のアレイが通うことになった学園の生徒たちは神様からさまざまな能力を授けられているんです。「素数」が好きで、「魔法陣」とか難しい数学を使った謎解きを瞬時にしてしまう数学の天才や音楽の天才、「超人ハルク」みたいな力持ちの女の子も登場します。中でもうらやましいのは、アレイが持っている「絶対記憶力」という能力！　目にしたものを瞬間的にすべて記憶してしまうんです。

「そんな能力があれば、学校の暗唱テストも台本の長い台詞もばっちりなんだけどなぁ……」って思いました（笑い）。私はテスト勉強にしても、終わったらすぐに忘れてしまうほう。定着させるには定期的に復習しないとですよね。でも、それがなかなか難しいんです……（笑い）。

それから、アレイは変化が大嫌いで、毎日同じ習慣を徹底して続けたい人なんです。朝食は決まった分量のシリアルにきっかり300ミリリットルの牛乳を注いで、決まったスプーンで食べたいし、毎朝玄関から外に出る時は右足から踏み出して、同じ歩数で学校まで行く……とちょっと変わっているんです。

でも、よくよく考えてみると、私も変えられない習慣ってあるかも！って気がつきました。

たとえば私、一日中、同じシャープペンを使い続けたいんです。ペンケースに何本か入っている中から、「今日はこれにしよう！」と決めたら、その日はずっと同じシャープペンを使っていたいんです。何だかそのシャープペンが手になじんでいくような気がして。

テストの時も、「テスト勉強で使ったシャープペン」を使いたいんですよね。数学のテスト勉強で使ったペンなら、勉強したあの方程式をシャープペンが吸収してくれているんじゃないかなって。シャープペンの芯も勉強した時と同じなら、なおよし！ です（笑い）。

この本を初めて読んだのは小学5～6年生の時でした。中学3年生になった今、「これはお話の中の世界だから」ともちろんわかっていながらも、やっぱり時々、「不思議な力があったらいいな」って考えてしまいます。

山中伸弥先生と対談させていただいた時もお話に出ましたけれど、科学や技術の進歩って、昔の人からみたら魔法みたいなものですよね。たとえば、ボイスレコーダーで録音した声や音を後でまた聞くことができる。携帯電話で離れている世界中の人たちと会話もできる。月へ行くこともできるようになったり……。昔だったら考えられない魔法のようなことが、今の時代では実現しています。

だから、不思議な力への憧れやワクワク感って子供だけのものではなくて、いつまでも持ち続けていいんじゃないのかなって思います。

キラリと光る脇役が気になってしまいます

『若おかみは小学生！』

令丈ヒロ子　講談社

このシリーズも、小学2年生の時に初めて読んで以来、全シリーズ読破しているほど大好きです。学校でも大人気で、読んでいる友達がクラスにもたくさんいたので、休み時間にこの本について話をするのが、すごく流行っていました。友達と本についてあれこれおしゃべりするのは、私にとって読書の楽しみの一つなんです！

物語の主人公は、おばあさんが女将を務める温泉旅館に住むことになった小学生のおっこ。これまで旅館とは縁のない人生を送ってきたおっこが、旅館の人々やお客さん、幽霊や妖怪たちと出会いながら、「若おかみ」として、旅館で働くことになります。

魅力的な登場人物がいろいろ出てくるので、「お気に入りのキャラクターは？」なんて話を友達とよくしていました。

私のいちばんのお気に入りは、古い鈴のなかに住み着いていた小鬼の「鈴鬼」です。小さな男の子のような姿をした魔物で、いたずら好きでお調子者。そのせいで、いつも変わったお客さんを引き寄せてしまい、おっこをはじめ、周囲の人たちは振り回されてしまいます。

ちょっとしたトラブルメーカーだけれど、実は、鈴鬼がいることで物語が展開していくのも確かです。誰もが大好きっていうキャラクターじゃないけれど、何か光るものがある。

好みはいろいろあると思いますが、私がいつも気になるのは、なぜかそんな、脇役でも存在感のあるキャラクターが多いみたいです。

初めての土地で知らない人たちと暮らしてみるのにも憧れます

『魔女の宅急便』

角野栄子　福音館書店

アニメ映画化もされている有名な作品ですが、ほうきに乗って14才の魔女・キキが空を飛ぶシーンを読みながら、「魔法が使えたらいいなぁ」と思ったり、黒猫のジジとキキとの仲のいいやりとりとか、飛行機が大好きな少年・トンボさんとの恋など、この物語に漂うほのぼのとした雰囲気が大好きで、たまに読み返したりしています。

6巻まであって、キキが大人になって、結婚して、お母さんになるところまで描かれているので、映画を見て、「あの後、キキたちはどうなったんだろう?」と思う人もその続きを知ることができます。

独り立ちして知らない土地にジジと飛び込んでいくキキは、私とまさに同年代。知らない土地に行ってみるのは私も好きで、どんなところかな?って期待がふくらみます。知らない人ばかりの場所に行くのは不安、という人もいると思うのですが、私は初めて会う人たちと一緒に過ごすという経験にちょっと憧れてしまいます。

人見知りは小さい頃から全然しなかったほうなので、初めて会う人でもすぐに自分から話しかけて、誰とでも仲よくなってしまうタイプだったようです。

言われてみればそうかなという感じなのですが、わりと心がけているのは、自分から声をかけてみる、それもかしこまって話すのではなくて、「自分の弱み」も伝えてしまうことです。

「私はこういうことがあまりうまくできないけど、よろしくね!」と、最初から本音で接して弱いところも見せてしまえば、相手の人も「手助けしてあげようかな」って気にかけてくれると思うんです。まさに、たった一人で新しい土地を訪れて、家も友達も仕事もなくて途方に暮れていたキキを見て、出会ったいろんな人が助けてくれたみたいに！

ちなみに、私が海外で行ってみたいのはベネチアです。音楽の授業でベネチアの映像を見たことがあって、街中に広がる水路をゴンドラが進んでいく風景を見た時、「なんて美しい街なんだろう！」って感動しました。それ以来、訪れてみたいなあと思っています。

自由奔放で段取り上手なクイーンがうらやましいです！

『怪盗クイーン』

はやみねかおる　講談社

気まぐれで、神出鬼没の怪盗・クイーン。年齢も、男性なのか女性なのかもわからないそんな不思議な大泥棒が主人公の同シリーズは、『都会のトム&ソーヤ』シリーズの作者としても知られるはやみねかおる先生の作品です。

私は、公式ファンブックを持っているほど、はやみね先生の作品の大ファンで、はやみね先生の作品はほぼ全部読んでいるのですが、どの作品も、台詞だけで「このキャラがしゃべってるんだろうな」とわかってしまうほど、それぞれのキャラクターの個性が濃いんですよね。そんなところも大好きです。

なかでも、この作品の主人公であるクイーンは、自由気ままでとってもかっこいいんです!

クイーンは、自分がしたいと思わないことは、徹底的にやりません。何か事件が起こっても、誰かに「じゃあ、これやっといてね」と押しつけて自分は猫のノミ取り……なんて、のんびりしています。

私自身は、どちらかというとせっかちで心配性なので、誰かに任せてしまうのはあまり得意じゃありません。いつも何かしていないと落ち着かないので、ダラダラしているよりもむしろ「あ、これ私がやっておくね!」と人の分までやってしまいたくなるほうです。

だから、自分のしたいことがはっきりしていて、マイペースなクイーンのことを「自由奔放でうらやましい!」と思ってしまいます。

あと、クイーンのすごいところは、やるとなったら、目的に向かってきちんと段取りしておくところ。予告状を出したら、きちんと準備して、どんな難しい獲物でも自分の美学で必ず手に入れます。

そのあたりも、私にとってはうらやましいポイントです。実は私はあまり段取りがよくなくて、「こっちからやればよかった！」と後から慌ててしまうこともよくあります（笑い）。

たとえば、家でお菓子作りをしている時。生地を手でこねている最中に、次に入れる材料を冷蔵庫に入れっぱなしにしていることに気づいて、「手がベトベトで開けられない！」と焦ってしまったり。必要な材料を量り忘れていたことに気がついて、その用意をしていたら、お鍋で煮詰めているシロップを焦がしてしまう、なんてことも……。台所で一人バタバタしては、よく母に怒られています（笑い）。

だから、マイペースなのに、いざとなると手際よく華麗に何でも片づけてしまうクイーンを見ていると、「私も、ああなりたい！」って憧れてしまいます。

レトロな雰囲気も新鮮な昭和の冒険推理小説

『怪人二十面相』

江戸川乱歩　ポプラ社

名探偵・明智小五郎の助手を務める小林少年率いる〈少年探偵団〉にすごく憧れがあって。謎解きも好きですし、子供たちだけの少年探偵団で怪人二十面相に立ち向かっていくってていう冒険ストーリーにも心躍ります。

小学生の時、このシリーズもかなり読んでいました。

私の場合、一応は「犯人は誰なんだろう?」とか考えながら読むんですが、「このトリックでこうやったんだろう」なんて推理ができるわけではなくて、がんばって推理をしてみたところで、当たりません（笑い）。

そして、少年探偵団のシリーズは、現代の小説にはないちょっと独特な文体で描写もレトロ。今から80年以上も前から書かれていたんですね。

昭和初期の雰囲気が描かれていて、それはそれでモダンな映画を見ているような気分になります。

もし、公衆電話でダイヤルを回して電話をかけるようなシーンがあったりしたら、昭和を感じますよね。そしてダイヤル式の電話だからこそ成立するトリックがあるかもしれない。もし平成の最初の頃が舞台の推理小説だったら、〝ポケベルの謎〟みたいなトリックが考えられるかもしれない！　そんなふうに、当時の時代背景を知ることもできて、それも小説を読む楽しみだなって思っています。

●次々と読破したシリーズもの●

人間味あふれる憎めない登場人物に「人間ってこうだよね!」って思います

『落語絵本』シリーズ

川端誠　クレヨンハウス

『ストーリーで楽しむ日本の古典』シリーズ

岩崎書店

落語っておもしろいですよね。飛行機内のオーディオで聞いたりすることもあるんですが、落語に触れるきっかけになったのが、小学2年生の時に読んでいた『落語絵本』シリーズです。古典落語が、かわいい絵と読みやすい文章で書かれていて、すごく入りやすくて。落語には、それまで読んでいた本とは違うおもしろさがあったんです。特に好きだったのが、『まんじゅうこわい』や『ときそば』などのこっけい話でした。

ちょっとずる賢いけど人間味あふれる人物がたくさん出てきて、「そうそう、人間ってせこい部分もあったりするよね」と納得してしまったり……。落語の場合、たいてい最後は嘘がばれたり、ズルしようとしてもうまくいかなくて失敗しちゃったりするのも何だか憎めないんですよね。

『つるの恩返し』や『浦島太郎』などの日本のおとぎ話のシリーズもよく読みました。こういう作品も教訓があって深いですよね。

『つるの恩返し』は「欲を出しすぎちゃうと結局すべてを失ってしまう」とか「ダメって言われると人はやりたくなってしまうもの」だとか。「人間ってどうしてもそうだよね」と思わせられる部分があるのは、古典落語と一緒かもしれません。

『グリム童話』や『アンデルセン』など海外のおとぎ話のシリーズもたくさん読みました。でも、小さい時に読んでいたのは、子供向けに書かれていたものなので、中学生になってから原作を読んで「えっ！ こんなお話だったの!?」とびっくりしたものもありました。

いろんな古典作品がわかりやすく解説されている『ストーリーで楽しむ日本の古典』のシリーズもよく読んでいました。いちばん覚えているのは『東海道四谷怪談』です。この話は落語にもなっていますよね。

こうした古くから伝わるお話は、現代の小説とは違う発見がたくさんあります。長屋暮らしや女中さんとか、その時代ならではの生活や文化を知ることができるのもおもしろいです。

一方で、何百年も前の話なのに、「わかるわかる、人間ってこういうものだよね」と共感できる部分も多いです。何十年も前や何百年も前に書かれた本なのに、現代との共通点があったりするのはとても不思議な気持ちになります。どんなに時代が変わっても、人間の本質って実は変わらないものなのかも……と思います。

まんが仕立てだと難しい内容でもスッと頭に入ります

『小学館版　学習まんが人物館』シリーズ

小学館

ちょっと難しいお話も、子供向けに書かれた本や学習まんがで読むと、すらすら読めるので、小学校の時はそういった子供向けのシリーズものもよく読んでいました。

学校の図書室に並んでいるいろんなシリーズを見つけては、「よし、これを全部読もう！」と端から端まで、毎週のように借りて帰っていた時期もありました。

いろんな偉人のエピソードをまんがでまとめた、『学習まんが人物館』のような伝記シリーズもよく読みました。ヘレン・ケラーやキュリー夫人、野口英世など、日本や世界の歴史上有名なさまざまな人物がどんな人生を生きてきたのかを知ることができるのは、とても興味深かったです。

私は自分の頭の中でいろいろと想像するのが好きなので、小説など文字だけの本を読むことが多いのですが、ちょっと難しい内容のものは、まんがやイラストになっているとスッと読めます。絵と短い言葉だけで構成されて、内容を伝えてしまうまんがは、世界に誇れる日本の文化だと思います！

アンのような素直さと想像力があれば、人生は楽しくなれるはず！

『赤毛のアン』

モンゴメリ

のびのびとして素直。考え方が柔軟で、いつも自分の意見をもっている、そんな主人公の少女・アンと、彼女を取り囲む人々の世界観が大好きな本です。

これも、もちろん世界的に有名なお話で、身寄りのないアンが、年配の兄妹・マシュウとマリラに引き取られることから物語は始まります。

アンの最大の強みは想像力。自分の環境に悲観的になることはなく、豊かな想像力で、つらい状況も明るいものに変えてしまうのです。アンの突飛な発言や行動に、周りの人たちも驚かされっぱなしですが、次第にみんなが彼女に惹《ひ》かれていくのです。

他人の価値観や固定観念にとらわれず自分がどう思うのかを大切にしている素直なアン。すごく純粋な視線を持っていて、誰かに言われたからそうするのではなくて、自分が納得できるまで「私はこうしたいけど、なんでダメなの?」と問いかけられる率直さを持っています。私もアンのように柔軟な心を持つようにしたいなと思いました。

『赤毛のアン』シリーズを読んでいくと、大人になったアンは学校の先生になるんですよね。賢くて心のあたたかいアンにはまさに適職!って思いました。

あと、物語の舞台となるのは、カナダのプリンス・エドワード島。自然が豊かな美しい島の様子が描写されています。まんがやアニメに出てくる実在の場所を訪れる「聖地巡り」が人気ですが、小説の舞台になった土地を訪れるのも素敵ですよね。

本を読みながら自分の頭の中で思い描いている風景を実際に自分の目で見てみるという経験もいつかしてみたいです。

読み返してみたらラブストーリーでもあったんですね！

『あしながおじさん』

ジーン・ウェブスター

この本を最初に読んだのは小学3年生でした。最近、読み返してみたら、「あれ？小学生の時に読んだのと全然印象が違う！　こういうストーリーだったの？」と思ったんです。

身寄りのない子供の施設で育った少女・ジュディと彼女が進学するためのお金を支援してくれる匿名の資産家「あしながおじさん」との手紙のやりとりがつづられる、誰もが知っている有名なお話ですよね。

ジュディが通う学校はお金持ちのお嬢様ばかりだけど、ジュディは卑屈になったりしないで、すごく自由な心を持っていて発想も豊か。素敵だなって思いました。

でも、あしながおじさんが誰なのか、読者はわかってきているのに、ジュディは全然気がつかないんですよね。それで、彼だとわからずあしながおじさんに会う機会があった時は本音を言えなかったジュディが、手紙では本音を素直に書きつづって渡してしまっているとか、そんな恋心もかわいいなあって思いました。

そうやって気づかないまま恋におちていくジュディとあしながおじさんの関係を、「あぁ、こんなラブストーリーだったんだ!」って読み直してわかりました。

15才年上って、今の私にはちょっと想像できないのですが（3才年上の人でも今の私にとってはすっごく年上に感じます!）、自分の考えていることや毎日のできごとを手紙に書いて送り続けるのって、楽しいだろうなと思います。

私も友達と手紙の交換をしますけど、それとはまたちょっと違って、返事は来なくてもちゃんと読んで見守っていてくれる、そんな相手がいるのはきっと、心の支えになってくれるのでしょうね。

11才の誕生日に、手紙が来なくてがっかりしました（笑い）

『ハリー・ポッター』シリーズ

J.K.ローリング　静山社

魔法使いの少年・ハリーや魔法学校ホグワーツの仲間たちの物語を描いた『ハリー・ポッター』シリーズは、小学生の時から大好きで、いまだによく読み返しています。物語は11才の誕生日にハリーの手元に手紙が届き、魔法学校への入学が許可されるところから始まります。私はあまりにもこの物語が好きすぎて、自分が11才になった時、「あぁ、私にはホグワーツからの入学許可証が届かなかったな……」ってがっかりしてしまいました（笑い）。

この物語はとにかく世界観が壮大で、物語の広がりに感動します。

そして、いろんな魔法使いが出てくる中で、いちばん好きな登場人物といえば……スネイプ先生なんです。

初めのうちは、「ハリーのことが嫌いなのかな？　悪者なのかな？」と思わせておきながら、物語が進むうちに、実はすごく生徒思いなんだってわかってきます。

スネイプ先生を見ていると、「やさしい」だけではなくて、「相手のことを考えているからこそ厳しい」という愛情もあるんだなって気づきました。自分を思っていてくれるからこそ厳しいんだとわかれば、厳しい言葉もきちんと受け入れられるようになると思います。

そして、やっぱり私が感動するのは、敵を倒そうとみんなで力を合わせるところ！宿敵のヴォルデモートを倒すため、仲よしのロンやハーマイオニーをはじめ友達みんながハリーのために団結するシーンもいいですよね。私も、もし友達のために何かしなくちゃならないって状況になったら、きっと一緒になって立ち向かいます。

そんな読み方をすると、ハリー・ポッターシリーズは、ファンタジーというだけでなく、実は、私の大好きな〝スポ根〟要素もあると思うんです！

興味がつきない体の不思議

体のしくみに興味を持つきっかけになりました

『学習まんが　ドラえもん　からだシリーズ』

キャラクター原作／藤子・F・不二雄　小学館

このシリーズに最初に出会ったのは、ドラマ『Mother』の撮影をしていた5才くらいの時でした。

ドラえもんがのび太たちと、体の中のいろんな場所を巡っていくという設定で、まんが仕立てのストーリーを追いながら、体の機能がわかるようになっているんです。もっともっと知りたくなって、母と書店へ行くたびにおねだりして、1冊ずつ買いそろえてもらっていました。

食べ物が消化されるシステムや骨や筋肉、皮膚の働き、目が見えるしくみ……自分の体でどんなことが起こっているのか、驚きと不思議さでいっぱいになります。

このシリーズを読んで以来、人体に対する興味はどんどん高まって、6才の時には小学館の図鑑NEO『人間』(小学館)を買ってもらい、夢中になって読んでいました。

小学3年生の時、誕生日プレゼントに何が欲しいかを聞かれて、迷わず「人体模型！それも、臓器が取り外しできるのがいい！」と答えたり(笑い)、ある年は「透明骨格標本」(生物のたんぱく質を透明化して硬骨は赤、軟骨は青に染められたもの)とか、髪や皮膚を拡大して見たくて顕微鏡をお願いしたりした年もありました。

周りの人たちには「おもちゃじゃなくて⁉」と驚かれましたが、私にとってはとにかく好奇心をかき立てられるものだったんです。

だって、人体の働きってすごくないですか？

たとえば、「唾液っていい仕事してるな」って思うんです(笑い)。酸っぱい物を食べたら自然と唾液が出て口の中を中和するとか、普段は気にしていないけど、実は重要な役目をしているんですよ！

「舌」もすごいですよね。私たちが味を感じられるのは、味蕾《みらい》が舌にいっぱいついているから。そこにあるセンサーで味覚を感じることができるんですよね。さらに、場所によって感じやすい味覚が違ったり……体の機能については、今でも興味が尽きません。

●気になったらすぐに開く図鑑●

まずは自分の興味があるジャンルから好奇心を広げる入り口に

『花火の図鑑』

泉谷玄作　ポプラ社

小学館の図鑑NEO『星と星座』『宇宙』『岩石・鉱物・化石』

小学館

「いったいどうなっているんだろう?」

いろんな生物や自然、機械や道具……なぜそうなるのか疑問を感じたり、中がどうなってるのか見てみたいって思ったりすることありませんか?

私は「この中はどうなっているんだろう?」って気になることが、しょっちゅうあります。

いつも使っているボールペンを分解してみたことも何度かあります。ただ、分解はできても、組み立てる才能はあまりないみたいで、元の形に戻せなくなってしまうことも多いのですが……(笑い)。

実際に自分では試せないものは、図鑑を開くと解決できることがほとんどです。『花火の図鑑』もかなり熱心に読みました。

いったいどういうしくみで花火は上がるのか、花火玉の中身はどうなっているのかなど、自分では直接見ることがなかなかできない花火に関する知識が、この図鑑にはいっぱい詰まっています。

花火の中身を半分に割った断面図も載っていて、それを見ると、円を描くようにキレイに火薬が詰まっているんです! 火薬の状態から、「花火が割れた時に、どうやって広がって、どんなふうに見えるのか」まで計算して詰めていくそうなのですが、その工程なども載っていて、「花火職人さんってすごいなぁ」と感心してしまいます。

小学3年生くらいからは星にも興味を持って、小学館の図鑑NEOの『星と星座』『宇宙』もよく読んでいました。2億光年離れている星だとしたら、地球上の私たちが見るのは、2億年前の光ということになるんですよ！「なんて宇宙は広いんだろう……！」と気が遠くなるような話です。

夏休みの自由研究で、天体望遠鏡で夜空を観察したこともありました。天体望遠鏡で月を観察していると、どんどん動いて望遠鏡からずれていってしまうんですね。「夜空ってこんなに動いて見えるんだ！」と驚きでした。

小学4年生になると、地球に対する興味もわいてきて、鉱物のことを知りたくなりました。小学館の図鑑ＮＥＯ『岩石・鉱物・化石』を買ってもらい、ローズ・クォーツなどの鉱物を集めては写真と比べたり、解説を夢中で読んだりしていました。

私は何かに興味を持ってハマると、それに関する図鑑や本を探して読みたくなるし、つい熱く語ってしまうんです（笑い）。

図鑑がいいのは、最初の1ページ目から順番に読まなくてもいいってところ。だから気軽に手に取って、ページをパラパラめくって、気になるところを拾い読みするだけでも楽しいと思います。

ちなみに私がよくやるのは、本棚から図鑑を取り出したら適当にパッと開いて、そのページを読むんです。「何が出るかな？」とワクワクするし、思いがけない知識が飛び込んでくる楽しみがあります。

私の場合は、人体や生物、天体や鉱石、花火などに強い興味をひかれましたが、花が好きな人だったら植物の図鑑をめくってみたり、車が好きなら乗り物の図鑑を選んでみたりすると、そこから深まってもっともっと広がっていくのではないでしょうか。「本を読むのは苦手……」という人も、図鑑なら、気が向いた時にページをめくるだけでも楽しい世界が待っているはずですよ！

ゾワッとするSF小説

今の世の中への警告？ ハッとするありそうでなさそうなSF世界

『ボッコちゃん』

星新一　新潮文庫

中学1年生の頃、「何か読む本ないかな？」と父と話をしていて、「じゃあ、この本を読んでみたら？」とたまたま教えてもらったのが、この『ボッコちゃん』でした。

まずいちばんに感じたのは「こういう物語があるんだ！」という驚きでした。

これまでに私が読んできたのは、どこかで起こりそうな日常を描いたものだったり、ファンタジーの世界の物語が多かったりしたと思います。

『ボッコちゃん』が書かれたのは１９５０年代。当時から見た未来を舞台にしたＳＦ小説で、人間そっくりのロボット「ボッコちゃん」が登場します。そして「えっ！こんな終わり方するの？」と読んだ後、ちょっとゾワッとするんです。私は、そんな終わり方も嫌いじゃないので、それからも、星新一さんの他の作品をいろいろ読んでみました。その魅力は、「今の世の中のできごとに置き換えられる比喩が入っているんじゃないかな」とか、考えさせられてしまうところです。

文章や使っている言葉もシンプルで、小さい子供でも読める物語だと思います。でも、少し成長してからまた読むと、「これって、今の世の中や社会に対する警告かもしれないな」と新たな驚きや発見が見つかります。

そういう意味では、『星の王子さま』や『不思議の国のアリス』のように、一見子供向けに書かれているけれども、年齢や成長によって、いつまでも何度も読み方が深まっていく本なのかもしれません。

50年前に今のAI社会を予言していたみたい!?

『声の網』
星新一　角川文庫

星新一さんの作品が大好きな私ですが、なかでも「これって、未来を予言していたみたい!?」と衝撃を受けたのがこの一冊です。

今から約50年前、インターネットも普及していない1970年に出版された作品なんですが、まさに現代の情報社会を予言して警鐘を鳴らしているように思ってしまいます。

物語の舞台は、電話でいろんな情報をやりとりする近未来。電話を使えば、医師の診察も受けられるし、どんな情報も教えてもらえるという社会なのですが、最初は便利だと思っていた人々が、結局はその情報に振り回されていく……という短編集です。

今の時代、便利にはなったけれど、もし情報や秘密が漏れてしまったら、とかAI

が暴走するようなことがあったら……とか、利便性には裏側もあるかもしれないと考えるようになりました。

　情報が一人歩きしてしまうって怖いですよね。だからたとえば、人のうわさが伝わってきても、本人から直接聞いた話でなければ信じないようにしています。うわさだとちょっと違うように伝わったり、尾ひれがついて大げさになっていったりすることもあると思うので、私は、本人と話したこと以外は、うわさとして話半分で聞いておく、くらいにしています。

対談

科学はどこまで進歩していいのでしょうか

京都大学iPS細胞研究所所長・教授
山中伸弥先生×芦田愛菜

「もしSF小説を読んでいなかったら、科学者になっていなかったかもしれないですね」（山中先生）

芦田愛菜（以下、愛菜）：今日はお伺いしたいことがたくさんあるんです！　毎日とてもお忙しいと思うのですが、山中先生は、プライベートではどんな本をお読みになられますか？

山中伸弥先生（以下、山中先生）：いろんな本を読みますよ。中でも村上春樹さんの本は、だいたい全部読んでいますね。

愛菜：そうなんですね！　実は、私もこの間、村上春樹さんの書いた『騎士団長殺し』を読んで、独特の世界観に引き込まれました。

山中先生：村上春樹さんが書かれる物語は……なんというか、普通にはあり得ない話じゃないですか？　読んでいて「よくこんなストーリーが考えつくなあ」と思ってしまうものばかりですよね。しかも、長い（笑い）。『騎士団長殺し』も長いですが、『1Q84』なんて3冊もあるのでもっと長いでしょう？　以前から、村上春樹さんがストーリーをどうやって作っているのかすごく興味があったんです。そこで、ご本人にお会いする機会があった時に、「最初から最終章まで、全部考えてから書かれるんですか？」って聞いてみたんです。そしたら、そんなことは全然ないみたいで。

愛菜：どうやって書かれているんでしょうか？

山中先生：春樹さんいわく、彼の頭の中には引き出しがいっぱいあるので、どの引き出しをどう開けていくか、執筆中は全然考えてないそうです。書き進める中で、その次に何が出てくるか自分でもわからない……というようなことをおっしゃっていました。それを聞いて、「さらにすごいなあ」と思いましたね。

愛菜：そんなふうに書かれているんですね。山中先生は、お読みになられる本は小説が多いんですか？

山中先生：小説も多いですけど、ビジネスの啓蒙書のようなものも読みますよ。あとは、科学に関する本も多いです。

愛菜：山中先生が子供の頃、どんな本を読まれていたのかをぜひ伺ってみたいです。私は幼い頃、両親からよく読み聞かせをしてもらっていたのですが、先生はそんな思い出はありますか？

山中先生：僕は両親が共働きで、ずっとカギっ子だったんです。姉は僕が小学生の時に高校生だったからかなり年齢も離れていました。小さい時も絵本とか読んでもらった記憶はないなあ。家に帰っても誰もいないので、本といえば一人で読んでいましたね。

愛菜：そうなんですね。私と同じ中学生くらいの頃は、どんな本を読まれていたんで

しょうか？

山中先生：ＳＦ小説が好きでしたね。中・高生の時によく読んでいたのは、『宇宙英雄ペリー・ローダン』シリーズというＳＦ小説です。１９６１年からドイツで刊行されている作品なのですが、複数のＳＦ作家が月に１～２冊のペースで書いているもので、いまだにシリーズが続いているほど壮大な作品なんです。当時はたった１人の方が翻訳を担当されていたそうで、ドイツでの発刊ペースに日本語の翻訳が追いつかなくて。ドイツで新刊が出ていても、日本ではかなり遅れて刊行されるんです。それでも、１～２か月に１冊は翻訳本が出ていたので、出たらすぐに夢中で読んでいました。

愛菜：他に覚えていらっしゃるものはありますか？

山中先生：『地球の科学 大陸は移動する』という科学の本がありました。アフリカ大陸とアメリカ大陸って、地図上で見ると、まるでパズルのようにぴったりと一致するんですよ。それを見て、「これはもしかしたら昔くっついていて、時間とともに大陸は移動していったんじゃないか」ということを誰かが想像した。そこで、地殻プレートを研究していたら、どうもほんとうにそうだったらしい……という研究をまとめたものです。今でもこの研究は続いていますが、当時読んで、ものすごく興味を持ちました。その時は愛菜ちゃんと同じ中学生くらいだったんですが、「将来はそういう研究をしたいなあ」と思っていました。

愛菜：私も、幼い頃から科学の実験の本や、人体の不思議に関する図鑑や学習まんがが好きで、そうした本を読んだのがきっかけで、科学や人体っておもしろいなって思うようになりました。山中先生が研究者になられたのは、子供の頃にＳＦ小説や科学の本を読まれていたことが影響している部分はありますか？

山中先生：すごく影響しているでしょうね。中・高生で科学の本を読みだす前は、学習まんがの『日本の歴史』が大好きだったんです。これは、何十冊もある本なんですけど、繰り返し読んでいましたね。

愛菜：私も『日本の歴史』はすごく好きで、全部持っています。

山中先生：おもしろいですよね。でも、ある時、僕の家に来たお客さんが『日本の歴史』を見て「この本、おもしろそうだね」と言ったら、父がその人に全部あげてしまったんです。僕は「えー!!」って思ったんだけど（笑い）。

愛菜：それはショックですね……（笑い）。

山中先生：それが原因か、以来、僕は日本史があまり好きじゃなくなってしまったんです（笑い）。その後は、『日本の歴史』のかわりに科学の本をいろいろ読み出すようになって、次第に科学に興味を持つようになりましたね。今思えば、もしも父が『日本の歴史』を人にあげていなかったら、僕は日本史の先生になっていたかもしれないです（笑い）。

「紙の本を『めくる』という動作が、本の内容や印象に結びついていくんです」（山中先生）

山中先生：この前、幼い頃に読んだ本を読み直す機会があったのですが、びっくりしたのは、文字がすごく小さいことです。正直、今の文字の大きさの半分くらいしかないんじゃないですかね。「よくみんな、あんな小さい字を読んでいたな……」と思うくらいです。年をとると目も悪くなるから字が小さいのはつらいですよ（笑い）。

愛菜：そんなに小さい文字だったんですか？

山中先生：ええ、もうページ内にぎっしり文字が詰まっていました。1ページの情報量でいうと、今の4倍くらいあるんじゃないでしょうか。

愛菜：そんなに違いがあるんですね。確かに、今の本は、読みながら「字が小さいなぁ」と思ったことは、ほとんどないかもしれません。

山中先生：昔の本は1冊読み終わるのに、かなり時間がかかりましたよ。今だと、大半の本は読み終わるまでに2〜3時間くらいしかかかりませんよね。新大阪駅で買って、新幹線の中で読み始めたら、東京駅に着くまでの間に読み終わっちゃいますから。

愛菜：確かに、すぐに読み終わるものが多いですよね。山中先生は、移動中に本を読まれることが多いんですか？

山中先生：僕は出張など移動が多いので、そのタイミングに読むことが多いですね。でも、紙の本を持っていくと荷物が多くなってしまうので、移動中は電子の本を読むことも多いんです。

愛菜：電子書籍は便利ですよね。

山中先生：もちろん紙の本も読みます。紙で読むのと電子で読むのは、何かが違うんですよ。

愛菜：私も電子版でも読むのですが、紙の本で「次はどうなる？　どうなる？」って一枚一枚、指でめくっていく、ページから伝わる感触が好きなんです。紙の本だと、どこまで本を読み進めたのかが、厚さを見て確認できますし。

山中先生：確かに。本を「めくる」っていう動作は、実は大切なんですよね。愛菜ちゃんは、囲碁とか将棋はしますか？

愛菜：うーん、あんまりしたことがないですね……。

山中先生：僕は少しだけ囲碁や将棋をするんですけど、今はインターネット上でも対戦できますよね。でもね、パソコンの画面上でピピッと打つのと、実際に人を目の前にして駒を動かしながら打つのとでは、体や脳に与える影響が全然違うらしいです。だから、本も、実際に紙をめくりながら読むほうが、本の内容がより強く印象に残るような気がします。

「便利になった世の中で、今後科学はどこまで進歩していいと思いますか？」（愛菜）

愛菜：他によく読まれていた本はありますか。

山中先生：星新一さんの小説は子供の頃から大好きで、当時、出版されている作品はほぼ全部読んだと思います。

愛菜：私も星新一さんの作品は大好きで、最近読んだ中にも、とても印象深いお話があったんです。『ゆきとどいた生活』（理論社）という題名のショートショートなのですが、世の中全体がすべて自動化されている近未来が舞台で、主人公の男性もすべてを機械に任せた生活を送っているんですが、すべてがゆきとどいた生活だからこそ……という驚きの終わり方で、読んでいてゾクッとしてしまいました。そして、「今の時代は科学が生活のいろんなところに介入しているけれども、どこまでが便利で、どこからが害になってしまうのか。便利さと害は紙一重かもしれない」と強く思いました。

山中先生：そんなふうに、星さんの作品には、世の中に対する警鐘がたくさんちりばめられていますよね。

愛菜：先生は、今後科学はどこまで進歩していいと思われますか？

山中先生：僕たちのように最先端の科学を研究していると、今、自分がやっていることはほんとうによいことなのかどうか、自信がなくなることもあるんです。原発がまさにその典型例です。原発は人間が作り出したすごい技術なんですけど、最初は爆弾として使われて、何十万人もの方の命を奪ってしまった。それが、今度は平和利用として、クリーンエネルギーを生み出して世界の役に立っているんです。でも、東日本大震災のように一度原発事故が起こると、人間だけではなく、地球にもとんでもない被害をもたらしてしまう。科学は、人類や地球、宇宙のためになることもあれば、逆に破滅をもたらす可能性もあります。だから、科学技術は便利と危険の紙一重で、山頂の風向き次第でどちらに転がるかわからないという危うさをいつも感じています。

たとえば、この研究所には、生命倫理を研究しているチームもあって、彼らはまさに「医療はどこまで生死にかかわるべきか」という研究をしています。でも、なかなか答えは出ないんですよね。

愛菜：世の中はすごく便利になりましたが、果たしてそれが必ずしもよいことばかりなのかどうか考えてしまいます。

「昔読んだSF小説に書かれていた病気を、自分が研究するなんて思いませんでした」（山中先生）

山中先生：SF小説といえば、以前、読んでいて「これはすごい」と思った作品があります。その物語には、何年間も体が動かせない病気の人が出てくるんですが、その人は体が動かないので、意思の疎通ができないんです。そこで、とある科学者が「この人が、前のように家族や周りの人と意思疎通できる装置を作ろう」と、一生懸命、装置を作って完成させて、いよいよこの患者さんが何年ぶりかに家族と意思疎通ができるようになったんです。どんなに喜んでもらえるだろうと思っていたら、その患者さんの言葉として、最初に機械からピーっと出てきたのが「私を殺してください」というメッセージだったという……。

愛菜：せつないですね……。

山中先生：僕は、この話が星新一さんのショートショートだと思っていたんですが、以前、人にこの話をした時、「それは星新一さんの作品ではありませんよ」と言われて。いまだに誰の作品なのかは、わからないんですけどね。ただ、僕の創作じゃないということだけは、確かなんですが……。

なぜこの話をするのかというと、当時の僕は、そんな病気は小説家が作った架空の病気だと思っていたんです。でも、医者になってみたら、その小説に出てくるような「体がまったく動かせなくなっていく病気」って、いくつもあることを知りました。いちばん有名なのは、ＡＬＳと呼ばれる「筋萎縮性側索硬化症」という病気です。昔、ルー・ゲーリックっていう有名な野球選手がいたんですが、彼もその病気になりました。あと、昔『クイズダービー』という番組にずっと出演されていた篠沢秀夫先生という学習院大学のフランス文学の研究者。２０１７年に亡くなられたこの方もＡＬＳを患っていました。

この病気は運動神経の病気で、ほんとうに筋肉がどんどん動かなくなって、最後は意思の疎通ができなくなってしまうんです。ほんとうにその小説みたいな病気なのですが、今僕らは、その病気をやっつけようと、力を入れて研究をしています。その物語を読んだ時は、子供心に「すごく重たい話だな……」と感じていたんですが、何十年後かに、その病気をまさか自分が研究するとは思っていませんでした。

愛菜：山中先生の本を読ませていただいて、整形外科医として働かれている時に、病気の患者さんを目の当たりにされて、自分がその病気を治せなくて、何もできないことがすごく悔しくてつらかった……とおっしゃっているのが印象的でした。そうした経験があったからこそ、山中先生が今取り組まれているiPS細胞の研究につながっているんでしょうか。

山中先生：そうした部分は、すごくありましたね。短い期間ではありましたが、臨床医をやらせてもらった経験は、今の自分にすごく影響しています。医学部を出て医者になったというのは、自分にとってはすごく誇りです。

研究をやっていると、なかなかすぐには患者さんには届かないのですが、「この研究を最終的には患者さんに届けたい」という気持ちは、常にあります。やはり短い経験でも、臨床の経験があるのとないのとでは、向き合い方が全然違ったんじゃないかと思います。

愛菜：ご自身が診察された中で、印象に残っている患者さんはいらっしゃいますか？

山中先生：バスケットの選手として活躍していたある高校生の男の子がいました。「膝が痛い」というので調べてみたら、骨肉腫という骨のがんを患っていたんです。だからもうその足は切断するしかなくなってしまいました。その後、抗がん剤を使うんですが、当時の抗がん剤は、アンプルというガラス容器の中に入れられていました。だいたい大人1人に対して、アンプルを何十本も使わないと注射1回分にならないくらい量も多かったんです。毎日、その患者さんのために僕がやった仕事は、そのアンプルを何十本も開けては点滴すること。彼のためにその時の僕にはそれしかできなかったなと、今もずっと心に残っています。治療の初期段階で、もしも彼が足を切断しなくてもいいような根本的な治療ができていたら素晴らしかったのに……といまだに思

やまなか・しんや
1962年大阪市生まれ。神戸大学医学部卒業、大阪市立大学大学院医学研究科修了（博士）。奈良先端科学技術大学院大学教授、米国グラッドストーン研究所博士研究員などを経て、2010年より京都大学iPS細胞研究所所長。2007年にヒトの皮膚の細胞から人工多能性幹（iPS）細胞を作製したと発表。2012年、ノーベル生理学・医学賞受賞。

います。

「失敗こそ『自分が予想できない新しいことを知るチャンス』になるんです」（山中先生）

愛菜：私は失敗して落ち込むこともあるんですが、失敗したからこその発見がたくさんあるし、前向きに考え気持ちを切り替えるようにしています。山中先生は「失敗」をどうとらえられていますか？

山中先生：生物学や医学の研究というのは、基本的に実験を繰り返すんですね。「こういう実験をしたら、こういう結果が出るだろう」と予想を立てて実験するんですが、思い通りの結果になることは、10回のうち1回くらいしかありません。つまり、10回に9回は実験がうまくいかないんです。もしくは、実験はうまくいっても、結果が予想と違うということがほとんどです。でも、そういう時こそがチャンスなんですよ。

なぜかというと、現代の科学でわかっていることは、ほんの一部だからです。よく「氷山の一角」という言葉を使いますが、科学を氷山に例えるなら、今わかっていることは海から顔を出している小さな部分だけで、わからないことのほうがはるかに大きい。しかも、隠れている部分がどのくらい大きいのかすらも、わからないんです。

僕たちは自分たちが知っている範囲のことでしか、物事を判断できないじゃないですか。だから、自分の予想というのは、あくまで自分の知識の範囲内にとどまってしまうんです。水面から氷山が顔を出している小さなところだけを学んでわかった気になって予想を立てるので、実験で違う結果が出てしまうのは、ある意味当然なんですね。でも、その失敗が、これまで知られていなかった新しい事実を発見するきっかけになるかもしれないんです。

愛菜：研究の世界では、失敗することもあたりまえなんですね。

山中先生：もちろんです。思い通りの結果が出たほうが、誰でもうれしいものですけどね。なんだって、自分の思い通りになったほうが楽しいでしょう？

愛菜：はい、そうですね（笑い）。

山中先生：思い通りいかなかったら、誰もが「うーっ」って落ち込みますよね。でも、研究者は基本的に失敗をするもので、そもそも失敗を「よくないことだ」と考えると研究はうまくいきません。そこでさっきもお話ししたような「適応力」があれば、予想と違う結果が出ても、「むしろ、これは、教科書に書いてない新しい事実を発見できるチャンスなんだ」って思えるんです。

愛菜：それは、きっと……。人生にも通じる考え方ですね。

山中先生：そうかもしれませんね。人生といえば、愛菜ちゃんに事前にもらった質問の中に「人生って何ですか？」という質問があったので、これはすごいことが書いてあるなと思っていたんです。たぶん、僕自身も中学生くらいの時から、何十年間も考えてきたテーマだと思うんですが、すごく難しい問題ですよね。僕も答えはわからないんですが、ただ一度生まれてしまうと、どこの学校に行こうとか、どの仕事に就こうとか、どんな人と結婚するかとか、基本的には何でも自分で決めることができますよね。でも、決められないことがあるんです。

愛菜：それはなんですか？

山中先生：いちばん自分ではどうしようもなくて、決められないことは「この世の中に生まれてきたこと」なんですよ。こればかりは、完全には自分ではどうしようもありません。僕たちはこの世に生をいただいたわけで選択肢はないんです。生が尽きるまで生きるしかなくて、それだったら楽しく生きようということだと思うんです。でも、この楽しいというのが難しくて決して楽ではない。どうしたら自分が楽しいと思えるのかを探すしかないんですよね。愛菜ちゃんは、何をしている時がいちばん楽しいですか？

愛菜：うーん。友達と話をしたり、たわいもない時間を一緒に過ごしたりするのが楽しいなと思うことが多いですね。

山中先生：人とのつながりを持つのは、人生を楽しむために必要な条件ですよね。そして、成長していくうちには仕事もしないといけません。衣食住を得るためには何らかの労働をしなくてはいけませんよね。じゃあ、その時どんな状態が幸せかというと、生きるためにすることと、自分がしたいことや自分が楽しいと思えることが一致した状態が、いちばん幸せだと思うんですよね。

だから、今愛菜ちゃんは中学生ですが、高校、大学、20代を通じて、「自分は何がしたいんだろう」「自分は何をしている時が楽しいのかな」っていうのを探して深めていってほしいと思います。それには、けっこう時間がかかると思います。芸術家の方だったりすると、子供の時から「自分が楽しい」と思えることを見つけていて、ずっとその道でやっている方もおられますけど、多くの人は「自分が何をしたいのか」「何をしたら夢中になれるのか」を見つけるのに時間がかかります。その夢中になれるものが見つかってそれを仕事にできたら、生きていてとても楽しいと思います。

あと、多くの場合、自分の人生が楽しいと感じるために大切なのは「どこかで誰かのためになっている」という気持ちが持てるものであること。この気持ちは、すごく大切だと思います。

愛菜：そうですね、誰かのためになっている、と実感できたら、がんばろう！という気持ちも高まりますよね。私もいろんなことに興味を持って、毎日過ごしていきたいなと思っています。

最後に、先生が感じる研究のおもしろさや、若い人へのメッセージがあれば教えてください。

山中先生：研究は、芸術と一緒なんですよね。何かをゼロから作り出すという創造の世界です。ほぼゼロから無限の可能性を引き出せる仕事なので、ぜひ、愛菜ちゃんを含むたくさんの若い人に研究者になってほしいなと思います。

小学生の「将来なりたい職業ランキング」だと、研究者はけっこう上位に来るんです。でも、実際に研究者になる人はとても少ない。だから、研究の魅力をもっとたくさんの人たちに伝えていくというのは、僕たち研究者の責任であり、使命だと思っています。

愛菜ちゃんもぜひ、研究に興味を持ってくださいね。

愛菜：はい！　この後、ｉＰＳ細胞研究所内も見学させていただけるということで、とても楽しみです。今日は山中先生にお会いできてほんとうにうれしかったです。ありがとうございました。

iPS細胞研究所
第2研究棟
CiRA Research Building II

おしゃれや恋に悩むのは平安時代の女子も同じでした！

『平安女子の楽しい！生活』

川村裕子　岩波書店

この本を読むきっかけになったのは、『源氏物語』でした。

光源氏を中心に平安時代の人々の恋模様が描かれている『源氏物語』を読んでいたら、「平安時代の人って、どんな生活をしていたんだろう？」と、すごく興味が高まっていったんです。

そこで手に取ったのが、『平安女子の楽しい！生活』でした。

古典に出てくる文献から、平安時代の女性たちがいったいどんな生活をしていて、どんなものに興味を持っていたのかが解説されています。古典というとちょっと難しいものを想像してしまいますが、この本は、ほとんどの部分が現代の言葉で書かれているので、すごく読みやすいし、わかりやすいのです。

まず、私が興味を引かれたのは、平安時代の女性たちのファッションのお話。

平安時代の女性たちといえば、十二単《じゅうにひとえ》をまとっているイメージがありますが、十二単というとものすごい枚数の着物を重ね着しなければならないので、着るだけでもひと苦労！　さらに、季節や場面に応じて、色や柄などの組み合わせを考えていたそうで、それを選ぶのも大変だったと思います。

また、平安時代の女性といえば、黒髪ロングのイメージがありますが、時には髪にエクステのようなものをつけることもあったそうです。

ファッション以外にも、「平安時代の女性で美人とされたのはどんな顔だったのか」とか、「好きな人とのやりとりはどうしていたのか」とか、そんな平安時代の女性たちの恋愛事情についても書かれています。

当時、恋文をやりとりするには、和歌を送るのが普通だったということ。でも、たった三十一文字という短い和歌の中に、笑える文章を盛り込んだり、ちょっと皮肉だったり、いろんな意味を込めて送っていたそうです。しかも、和歌の手紙が届いたら、できるだけ早く返さなくてはならないので、さささっと書いて送り返していたのだとか。

国語の授業で和歌や俳句を作る時、パパっと作ってしまうようなセンスのある子もいるのですが、私はすごく悩みます。

だから、日常的に和歌を作っていたという平安時代の人たちを尊敬してしまいます。

そして強く思ったのが「千年以上も昔に生きていた平安時代の女性たちも、現代の私たちみたいに、おしゃれや恋に悩んだり考えたりしていたんだな」ということ。

この本を読んだらきっと、平安時代の女性たちに親近感がわいてくるはずですよ！

勾玉《まがたま》が登場したり、古代日本のファンタジーな世界観

『空色勾玉』
荻原規子　徳間書店

この本は、「輝（かぐ）の一族」と「闇（くら）の一族」と呼ばれる2つの民族の

戦いを描いた、壮大なファンタジー物語です。

まだ古代の神様が地上にいた時代として、日本神話をベースにしていて、古代の日本の様子が描かれています。

そんな「古代の日本」という設定がとても魅力的で、西洋ファンタジーとはまた違ったおもしろさがあります。神殿が建っている風景だったり、巫女《みこ》さんのような衣装や髪形の女性が登場したり、古代の〝アクセサリー〟の勾玉とか古代ならではの風習が出てきたり。

そんな姿をした人をイメージしたり、昔はこんな世界があったのかも……と想像するのが楽しくて、ワクワクします。

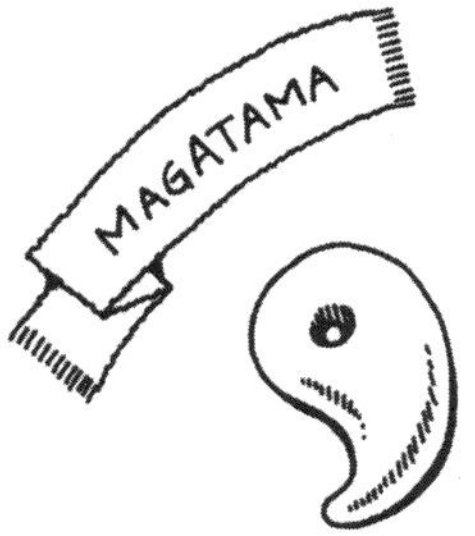

歴史上の人物が身近に感じられて日本史に興味がわいてきます

『白狐魔記』
斉藤洋　偕成社

歴史の教科書に出てくる人物の名前を見ているだけだと、「教科書の中の人」という印象で終わってしまうことが多いかもしれません。

ところが歴史物語を読むと、「この人物はこういう性格だったのかな？」って想像できるのも楽しくて、何だか身近に感じられます。

少し知識を深めることで、「この人はほんとうに生きていた人なんだ！」という実感がわいてくるんですね。

また、歴史上のできごとにしても、ただ年号を覚えるのではなくて、「ここに至るまでは、こういうことがあったんだな」という流れを知ってそこから想像していくと、さらに立体的になっていきます。

そして、何百年、何千年も前に生きていたような人たちと、時を超えて、つながることができたような気分になれるんです。私にとって、それが歴史を知る楽しさになっています。

『白狐魔記』も、私にとって「歴史っておもしろい！」と思わせてくれた小説の一つです。不老不死になったきつねが源義経や織田信長など歴史上の有名人に会って、歴史的な瞬間を見つめていくというお話です。

最初にこの物語を読んだ時は小学2～3年生。まだ学校で歴史の授業は始まっていなかったので、歴史についてよく知らない状態でした。そんな当時でも、十分おもしろく読んでいたのですが、学校で歴史を勉強するようになった後、改めて読み返してみたら、自分が知っている歴史上の人物や事件が次々登場して、もっともっと楽しめました。

たとえば、源平の戦いを扱っている巻では、「あ、次は源頼朝が出てくるんだろうな」「義経が逃げているけど、この後に……」と、歴史の流れがわかっているから、どうなっていくかの展開がわかって、よりリアルに感じました。

教科書で知識として知っているだけだった事柄や人物が、実際に物語の中で動き回っていると、「もしかしたら、こんな感じだったのかも！」といろんな想像ができていっそう楽しかったです。

こういった歴史をモチーフにした物語を読んだことで、ますます歴史に興味がわくようになりました。

●熱い友情や〝スポ根〟大好き●

「時間よ、止まれ！」と読み終えたくなかった本

『夜のピクニック』

恩田陸　新潮文庫

おもしろい本に出会った時は、「一秒でも早くページをめくりたい！」「ちょっとでも先に進みたい！」と思うので、気がつけばあっという間に一冊読み終わってしまうことが多いんです。でも、恩田陸さんの『夜のピクニック』は、その真逆でした。

「ページをめくるのが惜しいなぁ……。いつまでもこの時間が続いてほしい……、時間よ、止まれ！」

そう願いながら読んだ、一冊でした。

この作品の舞台は、ある高校の「歩行祭」という行事。全校生徒が、朝の8時から翌朝8時まで、24時間かけて80㎞という長い道のりを歩くというものです。高校生活最後の思い出となるそんな特別なイベントに参加する登場人物たちそれぞれが抱える思いが、歩いていく道程と共に描写されているんです。読みながら、私自身も一緒に歩いていて、登場人物たちの後ろから、こっそりとそのやりとりを聞いているような気持ちになっていました。

林間学校や修学旅行などの学校行事は私も大好き。特別な時間がもっと続いてほしくて、「まだ、家に帰りたくないなぁ」という気持ち、わかります！　家や家族から離れて、友達や先生とだけ過ごす学校行事の特別な空気感や雰囲気。自分が小学校の時に行った林間学校を思い出しながら、「こういう特別な時間って終わってほしくないよね……」とずっと共感しっぱなしでした。

読み進めるごとに、物語の中の80㎞のゴールもどんどん近づいて、ページも残り少なくなってくるので、後半になるとページをめくるのが名残惜しくて……。

読み終わってしまうと、「あぁ、終わっちゃった」とあまりにも共感しすぎて物語の余韻が残って、次の本を読めるように立ち直るまでかなり時間がかかってしまいました。

こんな仲間がいたらいいなと思える関係

『バッテリー』

あさのあつこ　角川文庫

中学入学直前に出会った二人の野球少年の物語を描いた『バッテリー』。天才的な才能を持つピッチャーの巧と、そんな彼が全力で信頼するキャッチャーの豪。性格もタイプもまったく違う二人ですが、彼らの関係性がとにかく素敵で、「こんな仲間がいたらいいなぁ」と読みながらうらやましくなりました。

お互いを信頼し合うベストコンビの二人。とはいえ、いつも一緒にいるわけではありません。むしろどちらかというと、さらっとしたドライな間柄です。一見、少し距離感があるようだけど、深いところではお互いのことをすごくわかり合っているし、言葉を交わさなくてもお互いの気持ちを察してあげることができる……。

そんな二人の姿は、私にとって友達との理想の関係性の一つだなって思います。

一致団結してがんばろう!っていうお話が好き

『よろこびの歌』
宮下奈都　実業之日本社

私は、「みんなで一致団結して、頂上をめざそう!」というお話が大好きです。もしかしたら、ちょっとスポコン体質なのかもしれません(笑い)。

この『よろこびの歌』は、小学5〜6年生の時に読みました。

主人公は、お母さんが有名なバイオリニストで、自分も音楽の道に進もうと思っていたのに、音大の附属高校の受験に失敗してしまった女子高生・玲。普通科の高校に進んだものの、毎日どこか楽しめずにいた彼女ですが、クラスで参加する合唱コンクールで指揮者を任されたことから、毎日が変わります。

中でも、玲が優勝をめざしてやる気を出しても、同級生が「べつに優勝しようとか思ってない」と言い出すシーンでは、玲の葛藤が伝わってきました。

私自身は、学校の行事もかなり積極的に楽しんじゃうタイプです。ちょっと恥ずかしいなって思うことはあっても、全力で取り組めばそんなことも忘れてしまいます。

せっかくやるんだったら、積極的にやるほうが楽しいはず！　みんなで力を合わせてやりきった後は、結果だけじゃなくて、きっと残るものがあると思うんです。

そして、この作品で、もう一つすごく印象に残っているのが、合唱コンクールの後日、マラソン大会があって、運動が大の苦手な玲が重い足取りでゴールに向かっていくシーン。すると……予想もしていなかった展開に感動してしまいました。

あと私は、違う登場人物の視点がいろいろと入り交じる物語が好きなのですが、この本もまさにそういうタイプの作品で、６人の登場人物の視点から描かれた７つの短編がつながって、１つの大きな物語になっています。

主人公の玲だけではなく、物語の中に登場する女の子たちは、誰もがどこか人生に迷いを感じていたり、コンプレックスを抱えていたりします。

そんな女の子たち、一人ひとりの視点から見ると、

「この子はこう受け取ったけど、そう言った子はそんなつもりではなかったのかも」

「実はこの行動の裏には、こんな思いが隠れていたんだな」

など、いろんな角度から一つのできごとを見ることができて、物語をよりいっそう深く読み込めるのが楽しいです。

そして、そんな物語を読んだ後は、自分自身の身の回りで起こることに対しても「この人がこう言うのは何か理由があるのかもしれないな」「実はこういうことなのかな」と、ちょっと違った受け止め方ができる気がします。

この作品には、登場人物たちの3年後を描いた『終わらない歌』という続編もあります。あまりにも1作目の『よろこびの歌』がおもしろかったので、すぐに続編も一気読みしてしまいました！　もし、続々編としてまた数年後の登場人物の世界が描かれるようなことがあれば、ぜひ読んでみたいです。

「速くなるためではなく、強くなるために走る」という意味

『風が強く吹いている』

三浦しをん　新潮文庫

これも私の大好きな〝スポ根〟ですね。箱根駅伝をめざして弱小チームががんばっていく物語。メンバーのほとんどが駅伝初心者だったのに切磋琢磨《せっさたくま》しながらその能力を伸ばしていくんです。

中でも私がかっこいい!と特に印象に残っているのは、チームを引っ張るハイジが、衝突してばかりのカケルに「長距離選手にとってのほめ言葉は何か」を聞くシーンです。

「速い、ですか?」と言うカケルに、ハイジが「強いだよ」と答えるんです。

速くなるためではなくて強くなるために走る……かっこいいですよね。それは、結果だけを見るのではなく、自分の限界に立ち挑むってことなのかなと思います。

もし私が駅伝チームに誘われたら？　うーん、私は長距離を走る才能はあまりなさそうなので、ちょっと……って遠慮してしまうかもしれませんが（笑い）。自分の努力でできる範囲では、とにかくやるだけやってみたいなってタイプですね。

そういえば、８才の時に初めて単独コンサートをやらせていただいたんですが、その準備期間、私は毎日、自主的に走って〝体力作り〟をしていたみたいなんです。自分ではあまり覚えてないんですが、歌やダンスを覚える他に、息切れしないで歌いきれるようにって。だから、やるとなったら結局、「自分の限界を超えるんだ！」なんて熱くなってしまいそうですね（笑い）。

今あたりまえの日常も、きっといつかは変わってしまうせつなさ

『リズム』

森絵都　角川文庫

今はあたりまえに、友達とおしゃべりしたりして過ごしている時間も、いつかは変わってしまうんだろうな……。

小学4年生の時、この本を読みながら、そんなせつない気持ちになったのを覚えています。

この物語の主人公は中学生の女の子。好きな人がいて、仲よしの友達もいて、毎日を楽しく生きています。でも、時が経つにつれて、周囲の人たちの事情や環境、そして彼女自身の思いも変わっていき、中学の3年間が過ぎる頃には、物語の冒頭とは違う状況へと変わっていくのです。

転校や進学で、友達や自分の環境が変わってしまったり、クラス替えだってそうで

す。新しいクラスで新しい友達ができるけど、それまで一緒にいた前のクラスの友達とは離れてしまい廊下ですれ違った時にしか話せなかったり……そうしてどんどん関係が薄れていってしまうこともあります。

そのことを「さみしいな」と思うけれど、友達には新しい友達ができるし、自分もその状況に慣れていって、新しくできた友達と一緒にいる毎日があたりまえになっていく。意識していなくても、いろんな気持ちや関係性は、環境次第で変わっていってしまうものなんじゃないかと思います。

あと、特に印象に残っているのが、いろんな変化にとまどう主人公に、好きだった人から贈られた「自分で自分だけのリズムを打てばいい。それを大切にしていれば、自分は自分でいられるかもしれない」という言葉です。

周りが変わっても自分の芯を持って流されないようにするんだよ、ってことなのかなと思ったりします。

この本も、年を重ねて経験を積んでいくうちに、また違う読み方や感じ方ができる気がします。

一人で自分の限界と向き合うことについて

『DIVE!!』

森絵都　角川文庫

これは、ダイビングクラブを舞台に描かれた物語です。小学生から高校生まで、いろんな年代の子供たちが通うこのクラブですが、実は赤字経営で今にも潰れそうな状態。そこで、クラブを救うため、アメリカからやってきた新コーチが、クラブ存続の条件として掲げたのが「次のオリンピックにこのクラブから日本代表選手を輩出する」というもの。その目標を達成するために、みんなそれぞれ必死に練習を重ねていくのですが……。

野球やバレーボールのようにチームプレーが必要な団体競技と違って、飛び込みのような個人競技は、とにかく自分との闘いの連続だと思います。団体競技には仲間がいるので、お互いに「がんばろう」と声を掛け合うこともできるはず。でも、個人競技は、どんなに周囲が応援してくれても、最終的には自分ががんばらなくちゃならないものだし、勝敗や記録の結果が、全部自分の評価につながってしまう。

また、どんなに仲がよい仲間がいたとしても、自分以外の周りの人はみんなライバルになってしまうという厳しさもあります。

自分がよい結果を出しても、周りの人が必ず喜んでくれるわけじゃないし、逆にライバルがよい結果を出したら、心のどこかでは喜んであげられないかもしれない。そんな厳しい心情が描かれていて、読みながら「自分がこんな状況におちいったら、どうするだろう」という気持ちがあふれてきました。

孤独でつらい状況だけども、自分の夢や目標を達成するために、自分の内面と向き合っていく姿を見ていると、「がんばれ！」と応援したくなってしまいます。そして、「よし、私もがんばろう！」という気持ちになれます。

〝嫉妬〟は誰もが持っている感情だけれど

『反撃』〜いつかふたりで

草野たき　ポプラ社

『いつかふたりで』は、『反撃』という短編集の中に入っている作品の1つです。この短編集自体が、全部中学生の女の子たちの姿を描いたものなのですが、中でも、私はこの『いつかふたりで』という物語がとても心に残っています。

主人公は、夏休みに、東京から新潟のおばあちゃんの家に遊びに行った中学生の女の子。彼女は、1才年下のいとこの女の子が苦手です。なぜか会うたびに、いつもいじわるをしてくるのです。

なぜ、この田舎に住んでいるいとこが、主人公にいじわるをするのかというと、実は「都会に住んでいることがうらやましいから」なんですね。

都会で暮らす女の子と、地方の田舎で暮らす女の子。住んでいるところが違う二人の考えや抱く思いは全然違っているのです。

でも、何より強く考えさせられたのは「嫉妬」という感情についてです。

勉強など、自分でがんばれば結果の出るものもあるけれども、世の中には、自分が努力してもなかなか変えられないものもあると思います。だから、それを持っている誰かがうらやましくなってしまう。

田舎に住んでいるいとこも、自分ではどうしようもないことだとわかっているのに、うらやましくてしかたないのです。

「私だって、東京に住みたかった」

どうにもできないことだけど、言わずにはいられない。

周りの人は「あなたにはあなたのよさがあるよ」って言ってくれるかもしれませんが、言われた本人は、素直にその言葉は受け取れないものじゃないでしょうか。

私も、この本を読みながら、最初は「なんでそんないじわるするんだろう？」と思いつつも、「ないものねだりだと言われても、他の人をうらやましいと思う彼女の気持ちも、少しわかるなぁ」って思ってしまいました。

私自身のコンプレックスは、「背が低い」こと、そして「運動神経がよくないこと」。だから、「背の高い人はいいなぁ」「あの子は運動神経がよくていいなぁ」ってうらやましくなることもあります。

でも、「誰かをうらやましがる」という気持ちと、「誰かをねたむ」という気持ちは、似ているように見えて、ちょっと違うんじゃないかなって思います。

「うらやましい」という気持ちは純粋に「それが欲しいな」「いいなぁ」っていう憧れの気持ちだけれども、「ねたみ」という気持ちの中にはネガティブな要素が潜んでいるように思います。

ねたまれている人本人が何か悪いことをしたわけではないのに、悪い気持ちが生まれ、その人を憎んで、いじわるなことをしてしまう。そういう意味で、ねたみってとても怖いものだと思います。

この物語を読みながら、改めて「嫉妬」という気持ちについて、考えさせられました。

自分が誰かにそういう気持ちを抱かれるのも怖いし、自分が誰かにそういう気持ちを抱くのも怖い。誰かに対して「うらやましい」という気持ちを持ってしまったら、それを素直に受け入れて、「あの人はうらやましいけれども、私は私」って、思えるようになればいいなって思います。

完璧な人間なんていないからコンプレックスはあって当然なのかも

『ふたり』
赤川次郎　新潮文庫

このお話を読んで、コンプレックスということを考えました。

主人公の中学生・実加には3才年上のお姉さんがいました。成績優秀でスポーツも万能。明るくてやさしくて大好きだったのに、ある日突然、そのお姉さんは交通事故で亡くなってしまいます。悲しみにくれる実加ですが、ある時から、亡くなったはずのお姉さんの声が聞こえ、自分を見守ってくれるようになります。

実加は、「完璧だった姉に比べて自分は何もできない」と、コンプレックスを持っています。苦手なものがあるからとコンプレックスを抱えると、引っ込み思案になってますます閉じこもってしまいそうです。

でも、誰でも苦手なことがあって当然かもって考えるようになりました。何でもできて欠点がまったく見つからないような完璧な人よりも、魅力的に感じるのは、ちょっとコンプレックスがあったり凸凹があったりするような人かもしれません。

私も、運動神経はよくないので、バスケットボールが得意な友達をうらやましいなあって思うこともあります。でも、「苦手だけれど、自分なりに楽しめばいいし、他の人から見たら、私にもいいなと思ってもらえることもあるかもしれない」と考えてみます。

『ふたり』に出てくる実加は、亡くなったはずのお姉さんが見守って励ましてくれることで、ピアノやマラソン、演劇など、得意ではなかったものにも挑戦して成長していきます。

誰にも苦手なものはあるのだから、自分にできるかぎりがんばってみようとか、そのかわりに得意なことはもっと伸ばしてみようと思えば、コンプレックスも受け止められるようになるのかなって思いました。

私も一人っ子だからちょっとわかる気持ち

『一人っ子同盟』
重松清　新潮文庫

重松清さんの本を、私が最初に読んだのは、『くちぶえ番長』（新潮文庫）という本でした。口笛が上手な小学生の女の子が転校してきて、「わたし、この学校の番長になる！」と言い出し…という物語でした。確か小学5～6年生の時に読んだのですが、描かれている自分と同世代の子供たちの心境がとてもリアルで、「すごくわかるなぁ」と思ったのを覚えています。それ以来、重松清さんの作品をいろいろ読んできました。そんな中でも、特に印象に残っているのがこの『一人っ子同盟』です。

この物語では、クラスに二人しかいない「一人っ子」の男の子と女の子が登場します。二人とも学校では「一人っ子」となっていますが、実は男の子はお兄さんが亡くなっていて、女の子は親が再婚したことで新しい弟がいたのです。お互いの事情を知る二人は、何かあった時には助け合おうと「一人っ子同盟」を結んでいるのです。

私は一人っ子なので、「きょうだいがいたらいいなぁ」と思うことが多いです。もし姉妹や兄弟がいたなら、「学校でこんなことがあったんだよ」とか「これはお母さんお父さんには内緒なんだけど……」なんて、二人の間で秘密を持ったりして楽しいだろうなって思います。一人っ子の私からすると、友達とも親とも違う特別な存在で、兄弟姉妹のいる子は、うらやましく思ってしまいます。

でもこの物語を読んで、兄弟や姉妹がいてもまた別の悩みがあることもわかりました。ないものねだりしてしまう気持ちは、どちらの立場になっても同じなんだと気づくことができました。

しなくちゃいけないとわかっていても、難しいこと

『西の魔女が死んだ』

梨木香歩　新潮文庫

主人公は、中学校に入学したけれども、不登校になってしまった女の子。気分転換

もかねて、田舎に住んでいるおばあちゃんの家に、しばらく滞在することになりました。おばあちゃんは、家族から「西の魔女」と呼ばれていて一人で大自然の中で暮らしています。そんな暮らしぶりを見て、女の子は「おばあちゃんみたいになりたい」と、「魔女の修行」を始めます。そして、人生で生きる上で大切ないろんなことを学んでいくのです。私も中学校に進学してからこの本を読みました。いちばん印象に残っているのは、おばあちゃんと女の子が「悪魔」について話をしているところです。

この世には、悪魔がうようよしている、とおばあちゃんは語ります。そこで、悪魔を遠ざけるにはどうしたらいいのか主人公の女の子が質問すると、おばあちゃんは「まず早寝早起き。食事をしっかりとり、よく運動し、規則正しい生活をする」と答えます。この言葉は、読んだ瞬間に心にずしんと響いて、忘れられないものになりました。

早寝早起き。食事。運動。規則正しい生活。

そんな、普通に思える生活が、まず大切。そう、おばあちゃんは言うのです。

私たちの日常を振り返ってみると、「しなくちゃいけないとわかっているけれども、毎日その通りにするのが難しいこと」ってたくさんあると思います。次の日の朝に早く起きなくちゃいけないとわかっているのに、ついつい夜遅くまで起きていてしまう。そして、翌朝になると、「もうちょっと寝ていたいなぁ」と寝過ごしてしまう、とか。

一度なまける気持ちを持ってしまうと、どんどんなまけ心が出てきてしまうように思います。でも、それに身を任せるのではなくて、自分の心を自制できるようになった時、初めて「魔女」になって、自分の思うように生きられる。それが心に響きました。

私自身も、あたりまえのことをまずはしっかりとできる人でありたいな、と思って心がけています。

この題名は、まるで私…？

『本を読む女』
林真理子　集英社文庫

なんといっても、この本の題名にすごく興味をそそられて「読んでみたい！」と手に取りました。

主人公は昭和の時代を生き抜いた文学少女・万亀《まき》。その時代の風景を実際に目にしたことはなくても、描写がイメージしやすく、目の前に情景が広がるようでした。戦前・戦中・戦後と時代背景が移っていく中で、万亀の気持ちの移り変わりが印象的な物語です。

万亀の周りの人たちや友達にはいろんなタイプの人がいて、それぞれがものの見方も違うけれど、本の縁によって出会いがつながっていきます。本好きな私に重なるところがあるようで、自然に引き込まれていきました。

また、万亀がその人生の中で支えられた本の題名が各章のタイトルになっているのですが、『万葉集』など、私が読んだことのある本も出てきて身近に感じられて、世代や時代を超えても本でつながっているんだな、とそれもうれしかったです。

万亀には本が心の支えになっています。人生の傍らには常に本があって、壁にぶつかった時も前向きな気持ちを忘れずに、決意をもって苦難を乗り越えようと生き抜く姿はかっこいいと思いました。当時は、女性が勉強したり働くことに今よりも制約があったり、読みたい本がすぐに読めたりする時代ではなかったのだと思います。好きな本が自由に選べていつでも読める今の時代は幸せなんだな、よかったな、と改めて感じました。

そして、林真理子さんのお母さまが万亀のモデルだったと知って、ご実家が書店というのがうらやましかったです。私は「図書館にお布団を敷いてそこで寝たい！」と言っているくらいなので、お家でも本に囲まれた環境なんて、素敵すぎます！

物語の最後には、万亀が太宰治の『斜陽』を読む場面があり、深く心を動かされました。『斜陽』の本は私の家にも実はあるのですが、読むきっかけがなくてなんとなくそのままになっていました。でもこの場面で「私も『斜陽』を読みたい！」と強く思いました。

本ってやっぱり素晴らしいな、と改めて感じさせてくれる大切な一冊になりました。

●日本語って奥深い！●

辞書を丁寧にひきたくなりました

『舟を編む』

三浦しをん　光文社

普段何気なく使っている辞書には、こんなドラマがあったんだ……！と驚かされました。この物語の舞台は、出版社の辞書編集部です。主人公の若手編集者は、辞書編集部に配属されて、辞書作りにたずさわります。

何よりも驚いたのが、一冊の辞書が完成するには、すごくたくさんの人がかかわっていて、何十年という長い長い歳月が必要ということ。物語の冒頭は若手社員だった主人公が、物語の終盤ではベテラン社員と呼ばれているのですが、その時になってもまだ辞書は完成しないのです。

この本を読んで以来、辞書を使うたびに、多くの人のものすごい手間がかかっているんだなあという思いが浮かんできて、とてもありがたい気持ちになってしまいます。

今は、インターネットで簡単に調べられる便利な時代だけれども、私はやっぱり辞書が好き。この本を読んだら、「言葉を調べる時は、丁寧に辞書をひきたいな」と思うようになりました。

文法も単語も考えると不思議！

『ふしぎ日本語ゼミナール』

金田一秀穂　NHK出版

私は日本語が大好きです！　日本語の単語や言い回しも、昔の日本で使われていた大和言葉も。言葉って、時代とともに変わっていくものだと思いますが、古文に出てくる言葉も趣があって素敵だなと思います。

「おもむろに」「やおら」「すこぶる」みたいな、現代ではあまり使わないような単語に出会うと、「あれ、こんな言葉があるんだ」と、とても新鮮。また、「ありがたし」など、古文と現代文では意味が違うものもあったりします。そういうのを発見すると、日本語の奥深さを知るような気がして、もっともっと知りたくなります。

日本語の文法もおもしろいですよね。一文字変えただけで、意味もニュアンスも全然違うものになってしまうことがあります。たとえば、「今日は遊びに行くよ」と「今日も遊びに行くよ」だと、たった一文字が違うだけで、意味合いが変わってしまうのも不思議です。

日本語学者である金田一秀穂先生の『ふしぎ日本語ゼミナール』は、そんな「みんながあたりまえのように受け入れているけれども、よくよく考えてみると不思議な日本語」を、わかりやすく解説したものです。

・「1日おき」と「24時間おき」はどう違うのか。

・「机の上に灰皿がある」と言うのに、「灰皿の下に机がある」と言わないのはなぜ？

……など、確かに、普段は何気なく使っている言葉ばかりですが、金田一先生の解説を見てみると「そういうことだったんだ！」とびっくりしたり、「なるほど、こんな意味が隠れていたんだ」とその背景に納得したり、読みながら、何度も「日本語っておもしろいな！」とワクワクしました。

この本を読んで、日本語の文化や伝統を知った後、強く思ったのは「できるだけきれいな日本語を使えるようにしたいな」ということでした。

もちろん、私も普段友達と一緒にいる時は「やばい！」というような、今っぽい言葉も使います。でも、場所や相手によってきちんと正しい敬語が使えたり、その場面に応じて、ぴったりな表現や言葉遣いができたりする人を見ると「かっこいいなぁ」と憧れてしまいます。

改めて、「せっかくこんなに奥深い言葉がある国に生まれたんだから、きちんと日本語を使えるようになりたいな」と思いました。

伝えられないってもどかしい
人に伝える難しさと大切さ

『きよしこ』
重松清　新潮文庫

重松清さんの作品は、自分と同世代の子たちが、つらい目にあっても、めげないで、がんばっている物語が多いのですが、この物語もまさにそんな感じです。

主人公は、吃音のある少年・きよし。自分の名前の「き」がうまく言えなかったり、つっかかってしまうせいで、からかわれたりする日々が続きます。でも、少年は自分の吃音と向き合いながら成長していくのです。

物語の中で、この男の子は、自分が口を開いたら周りの人に笑われてしまうんじゃないかと、怖くなったり、恥ずかしかったりして、心の中で思っていることをなかなか口にできません。大事な時に言葉が出てこなくて、誤解されてしまったりするのです。読んでいる最中ずっと、少年のもどかしい気持ちがひしひしと伝わってきました。

私も、言いたいのに言えないっていう気持ちになることはあります。「ありがとう」って伝えたいのに、恥ずかしくて言えない。「こうしてほしい」「これがほしい」と思っても、断られちゃったら……と考えると言えない。「相手が察してくれるんじゃないかな」と、期待して相手の行動を待ってしまって口にできないということもあります。

でも人の気持ちは、他の人には案外伝わらないし、ほんとうに思っていることを伝えるのは、難しいんですよね。

自分はよかれと思って言っても、相手から「それ、言わないでほしかったのに！」なんて言われるようなことも、けっこうあったりすると思います。人によって、言われたくない言葉も違うし、同じ言葉でも、タイミングによって受け取り方が変わってしまうこともあるでしょう。

だからこそ、言葉を扱うのは難しいと思います。とは言っても、黙っているのもダメでちゃんと言わないと伝わらない。私もよく母に「思っていることはきちんと言葉にしないと伝わらないよ」と言われます。
そんな「人に伝えることの難しさ」と「人に伝えることの大切さ」を考えました。

人の行動や心を縛ってしまうことさえある言葉って強くて繊細

『ぼくのメジャースプーン』
辻村深月　講談社文庫

一度、口にしてしまった言葉は戻せないですよね。自分では無意識のうちに発した言葉で、後になってから「あ、さっきの言葉、とげがあったかな？」「言い方を間違えちゃっていないかな？」なんて、心配になることがあります。仮に「今の言葉、忘れて！」と訂正しても、記憶からは簡単に削除できないものだから……。

この物語に登場するのは、「言った言葉で相手の行動や心を縛ることができる」という不思議な能力を持った小学生の男の子。現実の世界でも、言葉で他人を縛ってしまうというのは、案外起こってしまうんじゃないでしょうか。

何気なく放った言葉が、相手に勇気を与えたり、あたたかい気持ちにしたりすることもできる。でも逆に、傷つけてしまったり、行動を縛ったりしてしまうこともあるかもしれない。そう考えていくと、言葉ってほんとうに繊細で、大切に扱わなくちゃならないものだと思えてきます。

私自身、言葉の使い方や話し方について、迷ってしまう場面もあります。そんな言葉の力の強さについては、これからもきっと、ずっと考え続けていくだろうなと感じます。

辻村ワールドにハマるきっかけに

ラスト数ページで「えっ⁉」となる辻村さんの作品にハマるきっかけに

『かがみの孤城』

辻村深月　ポプラ社

『かがみの孤城』は、私が辻村深月さんを大好きになるきっかけを作った、火付け役のような存在です。この本を手に取ったのは、まず『かがみの孤城』というタイトルに惹《ひ》かれたからです！　孤独の「孤」の文字を使っているのが、すごく印象的でした。

物語は、いじめが原因で不登校になってしまった中学生の女の子の視点から始まります。家に閉じこもっていると、突然、部屋の鏡が光りだし、鏡の中に入ってしまい……。

辻村深月さんの作品は、ちょっとミステリー的なところがあって、最後の数ページくらいになって、「え、そうだったの?」と思わせるようなどんでん返しがあるんです。エピローグというとたいてい、後日談や物語のまとめ的なエピソードが書かれていることが多いですが、辻村さんの本では、最後の最後に何かが起こることがあるんです!

私は普段、作者の方の名前はあまり気にせずに読む本を決めているのですが、以前読んでいた『ツナグ』と同じ作者の方だと気がついて、以来、どんどん辻村さんの作品にハマっていきました。

さらに、辻村ワールドは作品がリンクしていて登場人物が他の作品でもつながっていたりして、作品を読む順番でより楽しめるところもあるんです。「それ、先に知りたかった!」って思うこともあるので、もしこれから読む方には、辻村さんの『凍りのくじら』(講談社文庫)から読むのがおすすめです!

対談

作家

辻村深月さん×芦田愛菜

「小説は一人では成り立たない」ってそういうことなんですね！

登場人物たちに導かれて

芦田愛菜（以下、愛菜）：私は辻村さんの本が大好きで、こんなにおもしろい小説を書ける人は、神様に違いないと思っていたんです（笑い）。

辻村深月さん（以下、辻村さん）：うれしいです。以前、お手紙をくださいましたよね。私の小説をすごく熱心に、大切に読んでくださっていることが伝わってくる文面でした。

愛菜：私にとって、辻村さんの本を読むことが、人生最上の楽しみって言っても過言じゃないぐらいです。

辻村さん：どうしよう、光栄すぎます（笑い）。テレビや映画で見ているあの芦田愛菜ちゃんとお会いするんだと思うと普段だったら絶対緊張しちゃうはずなのですが、そのお手紙を読んでいたので、今日はリラックスした気持ちでここへ来ることができました。

愛菜：すごくお会いしたかったのに神様に会ってしまっていいのかなって、さっきまでドキドキ、複雑な気持ちだったんです。でも、今は私、浮かれています（笑い）。まずお伺いしたいのは……どうして作家になろうと思われたんですか？　小さい頃から本がお好きだったり、お話を書かれたりということをされていたんですか。

辻村さん：そうですね。もともと本は好きだったんですけど、映画も好きだったし、アニメも好きでまんがも好きでした。ジャンルにこだわらず、物語というものが大好きだったんです。じゃあどうして自分の選んだ表現ジャンルは小説だったんだろうって考えると、いちばん、何の道具がなくてもできたからかな、と。たとえばもしも、まんが家になりたかったなら、まんがを描く道具がいるし、私にはない「絵心」というものも必要になってくる（笑い）。小説は、どこにでもある白い紙とペンさえあればできる。その身近さが、書き手として小説の世界に入っていくきっかけだったんだと思います。

それと、これはだいぶ後になってから気づいたんですが、物語を表現するジャンルがいろいろある中で、小説って一人だけでは成り立たないものなんです。

愛菜：一人だけでは成り立たない？

辻村さん：小説って絵がない、映像がない表現ジャンルですよね？　たとえば「ここにこんなふうにかわいい女の子がいます」って文章で書いた時に、読み手が想像してくれなければ、私がイメージしている女の子の姿は伝わらない。それって不自由さでもあるけれども、書き手と読み手が一緒になって一つの像を作り出そうとする営みがすごく魅力的に感じるんです。

つじむら・みづき
1980年、山梨県笛吹市生まれ。千葉大学教育学部卒。2004年『冷たい校舎の時は止まる』で第31回メフィスト賞を受賞しデビュー。2011年『ツナグ』で第32回吉川英治文学新人賞を受賞。2012年『鍵のない夢を見る』（文藝春秋）で第147回直木三十五賞を受賞。2018年『かがみの孤城』で第15回本屋大賞第1位となる。『傲慢と善良』（朝日新聞出版）ほか著書多数。映画の脚本を手がけ書き下ろし小説化した『小説　映画ドラえもん　のび太の月面探査記』（原作／藤子・F・不二雄　著／辻村深月　小学館）も2019年に発刊された。

愛菜：わかります！　私も本を読む時、映像をイメージしながら読むんです。小説には絵や映像がないからこそ、頭の中で自由に想像をふくらませることができる、そこが楽しいところだなと思っていました。
あと、辻村さんの本を読む時は、「今度はだまされないぞ！」って、伏線を探しながら読んでいるんです。でも、最後の数ページでどんでん返しがあって、「あーっ、やっぱりダメだった!!」って（笑い）。

辻村さん：小説を書かれる時は、結末までの展開をすべて考えてから書かれているんですか？いろんなタイプの作家さんがいらっしゃるんですけど、私はほとんど何も考えないで書き始めるタイプなんですよ。

愛菜：えーっ!!
辻村さん：今の「えーっ!!」は、それなのにどうして伏線が最後に回収されていくんですかってことでしょうか？（笑い）
愛菜：辻村さんの本は最後までたどり着いたところで、最初から読み返すことがよくあるんですけど、ところどころに伏線が敷いてあったことに気づいて「そういうことだったのか！」って、毎回衝撃を受けるんです。
辻村さん：その答えは、私としても「どうしてなんでしょうか」と思うことがあります（笑い）。最初は「ここでこんな謎が出てきたら、自分が読者だったら〝どういうこと？〟って気になるぞ」という感覚だけで書いていくので、謎の答えはほんとうにまったく決めていないんですよ。でも、どの話でも途中で急に、「わかった！」って思う瞬間があるんです。「ひらめいた」とか「思いついた」というよりも、「気づいた」という感覚が近い。自分で書いているのに不思議なんですけど、書きながら、登場人物たちが教えてくれているような気がします。のちのち伏線になるようなエピソードも、登場人物たちが私のためにヒントを落としていってくれた、という感覚なんです。「今回はこれをテーマにしよう」って最初から決めている場合もほとんどないんです。テーマもやっぱり、登場人物たちが私に教えてくれます。たとえば、『ぼくのメジャースプーン』がそうでした。

愛菜：超能力を使って幼なじみの女の子を助けようとする、小学生の男の子の話ですね。

辻村さん：あのお話の中で、主人公はいろいろなことを考えますよね。他の人にはない強い力を持った時に、自分はそれを使ってもいいのか、使うとしたら罪と罰の問題をどう考えるのか。主人公が悩むと、そこで初めて私も悩み出す。

愛菜：登場人物に導かれながら書かれる、と……？

辻村さん：そう！　作家さんによっては、自分の中に何かしらの問いに対する結論がもう出ていて、その結論を物語の形でどう届けるかっていう角度から入る方もいると思うんです。ただ、私の場合は物語を書きながら、主人公と一緒に悩んで考えていったことが、その作品で書くべきテーマだったんだと後から気がつくことが多いです。

愛菜：なるほどー！　ちょっと表現が変かもしれないですけど、辻村さんの作品の登場人物たちって、作者に操られている感じがしないんです。

辻村さん：あぁ、その言葉はすごくうれしいです。

愛菜：「ここはこの子にこういう行動をさせたほうがおもしろいよね」みたいに登場人物がお話のために無理やり動かされている感じがしません。みんな実在してほんとうに息をしていて、それぞれに家族がいて友達がいて、自分の意思がある。一人ひとりの人生みたいなものを感じるんです。だからこそ、登場人物たちがお話の行き先を導いてくれるってことが起こるんだな、と今すごく納得しました。

本の役割、そして楽しみ

辻村さん：登場人物たちって、もちろんほんとうはいない人たちですよね。でも、愛情を込めて書いていくと、私自身にとっても、きっと読み手にとっても、実際に周りにいる人以上の実在感が感じられるようになる。私はよく自分の小説で、作品をまたいで登場人物がリンクするということをやるんですが、それも「登場人物たちが実在しているように感じられる」という感覚があるからこそできることだと思っています。

愛菜：登場人物のリンク、大好きなんです！

辻村さん：お手紙でも熱く書いてくださいましたよね。かなりマニアックなリンクまで探り当ててくださって（笑い）。

愛菜：『ぼくのメジャースプーン』を読んだ後、次に読んだ『名前探しの放課後』（講談社）の中に、同じ人物が登場していたんです。それで、こんなことがあるんだ！ってびっくり。さらに次に読んだ『凍りのくじら』でもリンクしていて、またまたびっくりしてしまいました。本の帯を見たら、この順番で読むのがおすすめって書いてあったので、これはしまった！とまた順番通りに読み直しました。

辻村さん：書いた順番としては『凍りのくじら』が先なんですが、『ぼくのメジャースプーン』を読んでから『凍りのくじら』に進むのも、楽しいんじゃないかなって思います。

愛菜：別の作品で、また違った年代の登場人物たちと会えるなんて、こんなふうな楽しみ方をさせてくれる作家さんは、初めてだと思いました。リンクしているってわかった瞬間は、いつも言葉にできないくらい興奮しています。どうやったらあんなに見事に登場人物がリンクするのでしょうか？

辻村さん：芦田さんが例にあげてくださった作品でいうと、『凍りのくじら』で登場人物の一人として出てきた〈ふみちゃん〉は、過去に起きた何らかの事件のせいで声が出せなくなってしまっていた。その裏には何か特別な物語があるんだろうなと思って、次の話では〈ふみちゃん〉をメインに書こうと決めていたんです。そういうふうに最初から「あの作品で出てきたあの子をまた出そう。過去の姿や成長した未来の姿を書いてみよう」と決めて書く場合もあれば、物語を書いている途中で突然、リンクする場合もあります。たとえば、登場人物がつらい状況にある時に、ふっと「誰か助けに来てくれたらいいのにな」って思ったりするんですね。その時に、「あの作品のあの子が出てくれれば大丈夫。あの子ならきっといちばん必要な言葉をかけてくれる！」って、他の作品からかけつけてきてもらいます。

愛菜：すっごく興味深いです！　一度書いたその登場人物のことを深く理解されているから、再登場させられるんですね。

辻村さん：物語を読む時って、新しい登場人物と出会うだけじゃなく、昔出会った登場人物と少し時間をおいて再会する楽しみもあると思うんです。書いている私自身も、「ひさしぶり！」という気持ちになります。

愛菜：お話を伺っていると、辻村さんご自身が楽しんで書かれているみたいですね。

辻村さん：自分の楽しみのために書いていったら、読者のみなさんも楽しんでくれてラッキー、という感じかもしれません（笑い）。

愛菜：怖い話についてはどうですか？　私、辻村さんのホラーも大好きなんです。『ふちなしのかがみ』（角川文庫）の「踊り場の花子」とか、『きのうの影踏み』（角川文庫）の「ナマハゲと私」とか。

辻村さん：私も大好きな2編です。ホラーの場合は、読み手をゾクゾクと怖がらせたいって気持ちがあるのと同時に、ワクワクしてもらいたいんです。私は子供の頃からホラーとか「学校の怪談」が大好きだったんですが、そういう物語に触れると「あの角を曲がったら、何か怖いものがいるかもしれない」って、現実でも想像するようになりませんか？

愛菜：なります！　私、ものすごく怖がりなんです。でも、絶対に怖いぞってわかっていても読んじゃうんです（笑い）。

辻村さん：そういう想像力って、「世界は〝ここ〟だけじゃない」「現実は、目に見えるものだけではできていない」という想像力につながっていると思うんです。人が「現実がつらいな」って感じてしまう時に、助けてくれるのはそういう想像力なのかもしれない、と。本の世界に入り込むのは「現実逃避」って言われちゃうこともあるかもしれないけど、「目の前の世界だけがすべてじゃない」って教えてくれるのが本だと思うんです。本は、むき出しの現実を生き抜くための心強い武器になります。

「辻村さんのクラスメートになって作品を読ませてもらいたかったです」（愛菜）

愛菜：ホラーの作品集だけではなく、ミステリーのものも辻村さんの作品は怖いなって感じることが多いです。デビュー作の『冷たい校舎の時は止まる』（講談社）も、ミステリーだけれど、ホラー寄りなのかなという感じがしました。

辻村さん：デビュー作は、自分がおもしろいと思うものを全部入れ込んだら、ジャンル分けがすごく難しくなってしまって。ミステリーかもしれないしホラーかもしれないし、青春小説かもしれない。結果、全3巻という長さになってしまいました。

愛菜：この作品に、〈辻村深月〉という登場人物が出てくることにも驚きました。

辻村さん：エラリー・クイーンや法月綸太郎さんのミステリーのように、登場人物と作者名が同じ作品に憧れがあったんです。

愛菜：ご自身の書かれてきたキャラクターの中で、特に好きな登場人物はいますか？

辻村さん：その時に書いている子たちがいちばんかわいい、という気持ちは強いかもしれません。ただ、振り返ってみて大きな存在だったと感じるのは、『スロウハイツの神様』に登場したライトノベル作家の〈チヨダ・コーキ〉ですね。

愛菜：大人気作家なのに謙虚で書くことに魂込めているような〈チヨダ・コーキ〉は『ハケンアニメ！』にも出てきて、登場シーンがちょっと長めですよね。

辻村さん：バレてますね（笑い）。自分の書いた登場人物ではあるけれども、物語を書くということに関しての、彼の覚悟の持ち方を尊敬しているんです。
　そうだ、実は今日、当時手書きで書いていた『冷たい校舎～』の原稿を持ってきたんです。
愛菜：えっ、ぜひ見せていただきたいです！
辻村さん：おおもとになる原稿を書いたのは、高校3年生の時なんです。おもに授業中、教科書で隠しながらルーズリーフに手書きで書いていました。
愛菜：うわぁ、この実物を見られるなんて感激です!!　丁寧に保管していらっしゃったんですね。パソコンで印刷したみたいに細かくきれいにそろった読みやすい字ですねー！
辻村さん：書いたものを「連載」形式で、何人かのクラスメートに読んでもらっていたんです。少しでも読みやすくしたいなと思っていたんでしょうね。感想をもらったり、「誰が犯人だと思う？」って推理をしてもらったり、とか。
愛菜：辻村さんのクラスメートになりたかったです……。
辻村さん：大学に入ってからはパソコンで小説を書くようになったんですが、このルーズリーフの分厚い束を見ると、ただただ自分は書くことが好きだったんだなぁって初心に返れる気がします。プロになりたいかどうかは、二の次だったんですよね。だから作家志望の方に「何かアドバイスが欲しい」と言われた時は、「書くことがほんとうに楽しいのか？」を自分に問いかけてみてくださいと言うようにしています。頭の中にどれだけ壮大なストーリーがあっても、目の前の一文一文をちゃんと重ねることが好きでなければ続かない仕事だと思うので。

愛菜：実は、私も恥ずかしながら、何回か小説を書こうとチャレンジしたことがあるんです。

辻村さん：そうだったんですね！

愛菜：でも、主人公はなんとなく思い描けても、お話がどうしても「起承転結」の「転」がなくて、「起承承結」になってしまう。「何々がありました、こうなりました、終わり」（笑い）。「おもしろい！」って思える瞬間をゼロから生み出すのはほんとうに難しいことなんだな、と自分で挑戦してみてよくわかりました。作家さんってすごいなあと尊敬しています。

辻村さん：でも、芦田さんだからこそ書ける言葉や物語が必ずあるはずだから、いつか、時間がかかってもチャレンジしてみてほしいな、と感じます。それを私も読んでみたい。

私は小学6年生の時、綾辻行人さんの『十角館の殺人』を読んでミステリーの世界にひきつけられるようになったんです。芦田さんは私のことを「神様のよう」と言ってくださいましたけど、私にとっての神様は綾辻さんでした。私のペンネームは、綾辻行人さんの「辻」の一字と、綾辻さんの『霧越邸殺人事件』の登場人物から深月という名前をそのままもらっているんです。

愛菜：私も『十角館の殺人』を読んだんですが、やっぱりラストがびっくりで……。

辻村さん：びっくりしますよね！

愛菜：ミステリーって、クセになる感覚があります。「きっと、こうじゃないかな？」という自分の想像が、引っくり返されるのがすごく気持ちいいです。

辻村さん：綾辻さんのミステリーを読んでいて犯人がわかりそうになると、「どうか違いますように……」と祈るような気持ちになったりして、だけど、私ごときの想像力が綾辻さんに及ぶはずがない（笑い）。いつも引っくり返されます。そして、確かにそこが気持ちいいんですよね。「自分の想像を超えたもの」を見せてもらえるから夢中になる。

愛菜：そう思います！　自分が想像できることなんてちっぽけなんだなって感じることで、もっともっと想像力を豊かにしていきたいって思えるようになるんです。

ただ、辻村さんの本を読み終わった後は、最後の最後のタネ明かしがいつもあまりに衝撃的なのと、もう終わってしまったという虚無感に襲われて、しばらく何もしたくなくなってしまいます（笑い）。

辻村さん：そんなふうに言っていただけてとても光栄です（笑い）。私が芦田さんくらいの年齢の時に読んだ本って、今でもすごく自分の中での特別な場所にあるんですよね。今までの人生で読んできたベスト本をランキングするとしたら、上位は10代の頃に読んだ本でだいたい埋まると思うんです。だから、作家として、今、ものすごい喜びを感じています。10代の芦田さんが、私の本を大事に読んでくださっているということに。

愛菜：辻村さんが生み出す登場人物たち、特に10代の登場人物たちは、私自身や周りの友達も抱えている心情と、同じものを抱えてくれているなっていつも感じるんです。どうして10代の子たちの心情が書けるんですか？

辻村さん：その頃の心情が、今も自分の中に消えずに残っているからだと思います。ただ、たとえば自分が15才だった時には、いろいろ感じてはいてもその気持ちを完全に言語化はできなかった。「傷ついた」と思っても、何にどう傷ついたのか、周りにどうしてほしかったのか、言葉での説明の仕方がわからなかったんです。でも、大人になった今はそれが理解できる。10代の頃の世界の中に、大人になった今の自分の目でできたカメラを沈めていく、みたいな感覚なんです。

愛菜：だからこんなにリアルなんですね！

辻村さん：10代の子たちにとっては、辻村深月のことはきっと大人に見えるんでしょうけど、私としては「仲間だよ」って気持ちが実はかなりあるんですよ（笑い）。

「芦田さんにとって、魅力的な大人ってどんな人ですか？」（辻村さん）

辻村さん：2018年に本屋大賞をいただいた『かがみの孤城』は中学生の話だったので、「実写にするとしたら誰に演じてもらいたいですか？」と取材などで質問されることが多かったんです。記者の方に「主人公の〈こころ〉は芦田愛菜ちゃん、なんてどうですか？」と言われた時、「芦田愛菜ちゃんに演じていただけるなら絶対、〈オオカミさま〉がいいです」とお答えしたんですよ。

（対談を聞いていたスタッフ一同：あ〜!!）

辻村さん：その取材の席でも全員、同じ反応になりました（笑い）。〈こころ〉は中学一年生の不登校になってしまった女の子で、自分の気持ちをのみ込んでしまう。〈オオカミさま〉は、そんな〈こころ〉を鏡の向こうの世界へと連れ出してくれて、不登校になってしまった他の子供たちも、鏡の向こうの世界に集めているという存在。その行動の裏には、実は一筋縄ではいかない理由があって、全役中、いちばん難しい役になると思います。

愛菜：『かがみの孤城』を読んでいて、〈オオカミさま〉が抱えていたものを知った時、ものすごくせつなくなりました。とても魅力的な登場人物だと思います。もちろん演じさせていただけるなんてすごく光栄なんですけど、それ以上に私は、物語の確立された世界観をちょっとでも壊しちゃうのがイヤで、自分がそこに入るなんておそれ多いというか……。

辻村さん：とんでもない！　私はこれまで数々のドラマや映画で芦田さんが演じたことで、役に豊かな物語性や命が吹き込まれた作品をたくさん見てきていますよ。私からも伺いたいことがあるんです。書き手はどうしても物語全体を俯瞰《ふかん》して見る気持ちが強いんですけど、女優や俳優のみなさんは作品全体を意識しつつも、自分が演じる登場人物をとことん理解しようと、ひょっとしたら作者以上に深くアプローチしていらっしゃる。一定期間その子の人生をほんとうに生きているんだろうな、と思いながら芦田さんのお仕事も見てきました。

愛菜：ありがとうございます。

辻村さん：実際のところ、役と自分とはどのような関係なんでしょうか。その子のことを理解していくという感じなのか、その子が自分の中に入ってくる感じなのか。

愛菜：どちらかと言うと、役が入り込んでくる感じです。台本をいただいた時に、「この子だったらこの台詞をどんなふうに言うのかな？」とか「普段はどんなふうに歩くのかな？」と考えていくうちに、だんだんその子が自分の中に住み着いてくる。頭で考えなくても、自然とその子になれている感覚が出てくるんです。その時は、素の芦田愛菜がいなくなるような感じです。

辻村さん：役を演じる期間が終わった後は、寂しくなったりしますか？

愛菜：寂しさもありますし、出来上がった映像を後で見る機会があると「自分じゃないみたい」って感じることも多いです。

辻村さん：やっぱり、いつか私の作品の登場人物を芦田さんに演じてほしい!!

愛菜：……その時が来たら、覚悟を決めて（笑い）、がんばります。

辻村さん：最後にもう一つ、お伺いしたいことがあるんです。芦田さんが最初にしてくださった質問の答えとも重なるんですが、私は10代の頃、周りの大人が信用できないと思ってしまった時期がありました。気持ちを理解してもらえない、と感じたり。そんな時に私を救ってくれたのが、本でした。『かがみの孤城』は鏡の向こうに世界がある話ですけど、自分にとっての鏡がきっと本だったんだなと今になると思います。私の部屋の鏡は光らなかったけど、そのかわりに本棚の本がそれぞれ光って、いろんな場所に私を連れ出してくれた。「世界は、あなたが今いる場所だけじゃないよ」って本が教えてくれたり、大人は信用できないけど、この本の作者は信用できる！と思えたり。自分を救ってくれる大人の存在が、本の向こう側にたくさんいたんですね。

芦田さんは、幼い頃から大人の人たちとも一緒にお仕事をされてきましたよね。そんな芦田さんにとって、魅力的な大人ってどんな人ですか？　私もそういう大人になれるよう、ぜひ教えてもらいたいんです（笑い）。

愛菜：うーん……上から押しつけるんじゃなくて、「一緒に楽しもう」とか「一緒にやり遂げよう」とか、同じ目線に立って子供たちのことを理解しようとしてくれる人、かもしれません。「大人だから」とか「子供だから」じゃなくて、同じ「人間」として向き合ってくださっているなと感じると、私もそういう大人になりたいなって思うんです。

辻村さん：そうなれるように、私も今日から始めてみます（笑い）。

愛菜：もうなっていらっしゃいます！　10代の子たちと、今も「仲間」だとさっきおっしゃってくださったじゃないですか。私もそう感じていたから、辻村さんの作品がこんなにも大切なんだなって思うんです。

辻村さん：実は芦田さんにお手紙をいただいた時、私が10代の頃、綾辻さんに書いた手紙みたいだなって思ったんです。そんな存在に自分がなれているんだとしたら、幸せです。

愛菜：私も幸せです！　今もまだ夢のようというか、辻村さんとお会いした時間は現実ではなかったんじゃないかと後から疑ってしまいそう……。

辻村さん：現実ですよ！（笑い）

愛菜：家の本棚の〝辻村深月コーナー〟がこれからも増えていくことが楽しみです。今日はお話しできてうれしかったです！　ありがとうございました。

●止まらなくなる！ 海外ミステリー●

謎が解けるまで気になって
本が苦手な人でもつい読んでしまうはず！

『シャーロック・ホームズ』シリーズ
コナン・ドイル

『モルグ街の殺人』
エドガー・アラン・ポー

『Xの悲劇』
エラリー・クイーン

『そして誰もいなくなった』
アガサ・クリスティ

推理小説も昔から大好きで、『シャーロック・ホームズ』シリーズは、小学校の図書室にそろっていて、何作品も読みました。

ホームズとワトソンの信頼し合っている関係性がいいですよね。江戸川乱歩の『少年探偵団』に憧れるのと同じように、相棒や仲間と協力し合って謎を解いていくお話が好きです。

『シャーロック・ホームズ』シリーズは、小学生が読んでも「怖い」という感じではあまりないと思います。でも、「こんなミステリーってあるんだ！」と衝撃が強すぎたのが、エドガー・アラン・ポーの『モルグ街の殺人』でした。

世界で最初の探偵小説と言われるそうで、謎解きというよりは、ラストが怖すぎてホラーです！　私はそう言いながらも怖いお話を読みたくなってしまうのですが（笑い）。小学6年生の時に読んで、強烈な印象が残っています。

エラリー・クイーンの作品も『Xの悲劇』に始まって、『Yの悲劇』、『Zの悲劇』のX、Y、Zシリーズを全部読みました。『Xの悲劇』は被害者の指が「X」の形になっているダイイングメッセージがおもしろいなと思いました。

先に紹介した『天と地の方程式』もそうですが、頭を使って謎を解いていく、みたいな話が私は好きなので、こういうダイイングメッセージや暗号の謎ってすごく知りたくなります！　推理小説にもいろいろ傾向があるので、数学が好きな人だったら数学的なトリックの本、とか興味に合ったものを選ぶのもさらに楽しいと思います。

エラリー・クイーンの作品はちょっと重々しい感じがしますが、アガサ・クリスティの作品は舞台設定や小道具の雰囲気も素敵でいろいろ読んでいます。

名探偵ポアロが登場するシリーズで、ミステリーの金字塔的な作品といえば『オリエント急行殺人事件』ですよね。犯人がわかった瞬間、こんなトリックがあるなんて！と、ほんとうにびっくりしました。

「きっといちばん怪しくない人が犯人なんだろうな」と考えながら読んでいたのに、そこまで見透かされていたように見事に裏切られました。ミステリーは、その「裏切られた！」って瞬間がまた気持ちいいんですけどね（笑い）。

そんなアガサ・クリスティの中でもいちばん好きな作品といえば『そして誰もいなくなった』です。離島に招かれた10人が、童謡の歌詞の通りに殺されていき……登場人物たちが精神的に追い詰められ、最後に謎が解けるシーンでは、「こんな方法があったとは！」とこれも驚きました。いったいどうやったら、こういうトリックとか考えつくんでしょう！　ミステリー作家の方のひらめきや頭の回転っていったいどうなっているのか感心してしまうばかりです。

辻村深月さんの本もそうですが、私はミステリー作品をよく読み返してみます。すると、最初に読んだ時には見過ごしてしまっていた伏線が、途中で見つかったりして、そういう瞬間も楽しいですよね。

「結末がわかっているからもうつまらない」んじゃなくて、「結末がわかっているからこそのおもしろさ」が出てくるので、ミステリーこそもう一度読み直してみるのがおすすめです！

そして、本を読むのはちょっと苦手という人も、ミステリー作品をまずは手に取ってみると、本の楽しさがきっとわかると思うんです。読み始めたら、犯人は誰なのか気になって、絶対に最後まで読み通さずにはいられないはずですから！

1000年以上前の人々の生活も本を通して身近に感じられます

『古事記』『日本書紀』『風土記』『源氏物語』紫式部

日本の古典にも興味があるので、子供向けに書かれたものを読んでいました。『古事記』や『日本書紀』は1000年以上も前に書かれたものですが、日本がどうやってできたのかとか、昔の日本の神様の姿を想像して夢中になりました。『日本書紀』より『古事記』のほうが、私は読みやすかったかもしれません。スサノオがヤマタノオロチにお酒を飲ませて酔わせて退治する話とか、弟のスサノオの暴れっぷりにお姉さんのアマテラスが怒って岩戸に閉じこもってしまったり、といった有名なエピソードも多かったです。

『古事記』や『日本書紀』に描かれている神様は、すごく神々《こうごう》しい存在というよりは、すねたり、嫉妬したり、けんかしたり。人間味のある感情を持っていて、何だか親近感がわいてしまいます。日本神話の独特な世界観が好きで、古代日本が舞台になった小説なども読むようになりました。

『風土記』は、地方のいろんな特産品や地域の特性、言い伝えなどを集めたもの。「うちの地域はこれが名産だよ！」というおすすめを書いた、今でいう旅ナビですよね。

地方によって、文化や習慣が違って発展していくのは現代でも同じだと思います。たとえば、お雑煮も日本各地で全然違ったり。日本は山がたくさん連なってるから、地域が隔てられていて、異なる文化が生まれていったのかもしれません。

『源氏物語』は、平安時代の貴族である光源氏の生涯と彼をとりまく人たちを描いていますが、古い日本の文化を知るという意味でも、読みがいのある本だと思います。

昔の日本では生霊が信じられていたりとか、牛に車を引かせる「牛車」が交通手段だったりとか、当時の恋愛風景として、女性は男性が訪ねてくるのをただ待つことしかできなかったりした様子なども描かれています。じれったいし、つらかったでしょうね。現代とは違う事情も知ることができておもしろいです。

あと、『源氏物語』の作者である紫式部は、『枕草子』の作者である清少納言と仲が悪かったという説も気になります。当時、大人気の小説と随筆を書いた二人が対立していたみたいな歴史物語などを読むと、ライバル同士だったのかな？なんて想像もふくらみます。

でも、こうやって1000年以上も伝えられてきた読み物があるってすごいことですよね。現代の私たちが当時の人たちと同じように読んで楽しんだり、当時の生活を知る記録として読むこともできるんです。

逆に、今の私たちにとってあたりまえに感じているものが、1000年後にはどうなっているのかな……なんて想像してみると、不思議な気持ちになります。

● 日本文学〈江戸時代〉エンタメ充実！ ●

平和な時代は、エンタメが充実 文学作品もバラエティー豊かです

『曽根崎心中』 近松門左衛門
『雨月物語』 上田秋成
『南総里見八犬伝』 曲亭馬琴
『東海道中膝栗毛』 十返舎一九

江戸時代は、平和が長く続いていたからこそ、エンターテインメントが発展していたんでしょうね。ユーモアあふれる話もあれば、ホラーや恋愛ものがあったりとバラエティー豊か。娯楽がたくさんあって充実した時代だったんだろうなと感じます。

近松門左衛門の『曽根崎心中』は、人形浄瑠璃用に書かれた作品で、若い男女が恋

をつらぬく心中の物語。江戸時代の人たちは、今なら映画を見るような感覚で、こういう作品を楽しんでいたのでしょうか。物語を読んでおもしろかったので、ぜひ浄瑠璃や歌舞伎でも体験してみたいです。

『雨月物語』のような江戸時代の怪奇小説も怖いです！　昔から人って怖がりながらもホラーに惹《ひ》かれてしまうんだな、と感じます。やっぱりホラーと恋愛ものは、昔も今も変わらない人気のテーマなんだと思います。だから、古典が苦手という人もホラーや恋愛ものから入ってみると読みやすいのかもしれません。

それから、たとえば犬が好きだったら、八犬士が登場する『南総里見八犬伝』を読んでみる、というのもありだと思います。各地に散らばった八つの玉を巡って、８人の剣士たちが集まって悪を倒す……というのは、今でいう〝戦隊もの〟感もありますね。こんなふうに仲間たちが力を合わせて立ち向かう、というストーリーがやっぱり私は好きです！　実在する物語ゆかりの地を訪れてみるのも楽しそうです。

作品を読んで「ここに行ってみたい！」と思ったのは、『東海道中膝栗毛』もそうでした。お伊勢参りに行く弥次さん・喜多さんの憎めないキャラと会話のテンポがよく、ジョークもきいていて、くすっと笑えます。

昔の人も、ここはどんな場所なのかな、なんて興味を持ちながら、こういうロードムービーのような本を楽しんでいたんでしょうね。

日本文学〈明治時代〜〉人生や恋に悩んだり

単純なハッピーエンドだけじゃない 恋の悩みも人の心も現代と変わらない

『福翁自伝』 福沢諭吉
『舞姫』 森鷗外
『吾輩は猫である』『坊っちゃん』『こころ』 夏目漱石
『小僧の神様』 志賀直哉

江戸時代とはまた変わって、明治時代になると西洋の影響もあるのか、まじめというか人間について深く考えてしまう少し重めの文学、という印象があります。

福沢諭吉は『学問のすすめ』が有名ですが、自伝である『福翁自伝』では人柄が感じられます。語り口調で書かれているのでかたい感じはなくて、小学5年生の頃でもすらすらと読めました。

「海外から来た珍しい本をどうしても読みたいから、丸々全部一冊書き写してしまった」とか「机の上に突っ伏して眠っていて、今まで布団をしいてなかったので、枕がなかったことに気づかなかった」とか、くすっと笑ってしまうようなエピソードもけっこうあるんです。

お札に肖像画が描かれるほどの時代を変えた偉人なのに、ちょっとおちゃめな一面もあったのかな、なんて想像してしまいます。

福沢諭吉がそうだったように、森鷗外も海外に留学経験があり、『舞姫』の主人公は彼自身がモデルとも言われているんですね。森鷗外の文章はすごく知的だと思います。読む人に「ついてこい！」と言わんばかりのちょっと上から目線な雰囲気もあって（笑い）。でも、この本でもご紹介している『高瀬舟』のように、人間の本質について考えさせられる作品をたくさん残しています。

ちょっと敷居が高めな雰囲気ということでは、夏目漱石もそうかもしれません。でも、コミカルなものもあって、読んでみると案外読みやすいものも多いです。

『吾輩は猫である』は「吾輩は猫である。名前はまだ無い」という冒頭が有名ですが、ラストが衝撃で……。最後まで読んでみないと、こうなるとは想像もつきませんでした。

『坊っちゃん』は自由な感じが大好きです。明治時代にも、きっと「あれをやったらダメ、これをやったらダメ」っていろんな規制や規則があったと思うんです。でも、主人公の〈坊っちゃん〉は「学生だからこうしなきゃ」「先生だからこうしなきゃ」という枠にとらわれない性格です。「なんでダメなの?」って純粋すぎて、先生たちからするとちょっと問題児かもしれないけど、好奇心旺盛。あんなに自由な心で自分に素直でいられる人って、うらやましいなと憧れます。

『こころ』は題名そのままで、まさに人の心について書かれている作品です。人の気持ちって揺れるもので、誰もがいい人にも悪い人にもなりえる。だから、いい人だと思っていたのに、突然裏切られることがあるかもしれない。それが人の心なのかな、そんなふうに感じました。

「よかれと思ってやったことでも、その人その人の立場や状況によって、必ずしもよかったとは言えないのかもしれないな……」と考えてしまったのは、志賀直哉の小説で最初に読んだ『小僧の神様』でした。

丁稚奉公している小僧さんが、偶然からある紳士にお寿司をごちそうしてもらう話です。読み終わった後、なんともむなしいというか心に何かひっかかるようでした。

こんなふうに、文学史の作品は、単純なハッピーエンドで終わらずに、「これってどういう意味だろう？」と考えさせるものが多いように思います。

「人間ってそういうものだよね」「生きていれば、そんなことも起こってしまうよね」と、リアルに共感できるところがあります。

『たけくらべ』　樋口一葉
『友情』　武者小路実篤
『伊豆の踊子』『雪国』　川端康成
『細雪』　谷崎潤一郎

これらの作品の〝ラブストーリー〟要素も現代に通じるんじゃないかと思います。

樋口一葉の『たけくらべ』は、少女まんがにもなりそうなストーリーですよね。かつては仲よく遊んでいた男の子と女の子が、成長するにつれてお互いの状況が変わり、離れていってしまう……というかなわぬ恋を描いたお話です。

すごくせつないけど、大人になるためには乗り越えなくちゃいけない。大人にはなりたいけれど、成長していく中で、自由や自分が大切にしたいものが奪われてしまうこともあるのかな……と考えてしまいました。

『伊豆の踊子』は、ラブストーリーでもあるけれど、人のやさしさに触れて自分もやさしくなれるっていうところがいいなと思いました。

最初は心がすさんでいた青年ですが、旅の途中で出会った踊子がやさしくしてくれて、心がどんどんほぐれていきます。誰かにやさしくされると、その連鎖でみんながやさしくなれるはず。世の中でもそういうふうに広がっていけばいいなと思います。

同じ川端康成でも、『雪国』はもっとせつない話ですよね。妻子ある男性が旅先で芸者さんと恋におちるのですが……、ラストはつらい気持ちになりました。この時代の女性は、がまんして生きることも多かったのでしょう。

4姉妹が登場する谷崎潤一郎の『細雪』では、芯の強い女性たちが登場しますが、女性にとっては、耐えなくてはならないことも多い時代だったのかなと思います。

武者小路実篤の『友情』は、三角関係になってしまうラブストーリーです。主人公の男性が、自分の恋を親友に相談するけれど……という現代が舞台になってもありそうな悩みですよね。こういう作品を読むと、人を好きになる気持ちって、今も昔も変わらないんだなって思います。

そして、この小説では最後の結末が登場人物たちの手紙という形式で展開されます。手紙ってやっぱり気持ちがきちんと伝わると思うのです。

私も、直筆の手紙をいただいたらうれしいし、送る側になった時も相手のことをあれこれ思いながら書くのは楽しいです。友達の誕生日などは、手紙を書いたり手作りのカードを作って送ったりするようにしています。

『智恵子抄』 高村光太郎

『一握の砂』 石川啄木

『雨ニモマケズ』 宮沢賢治

この時代の俳句や詩を読むのも好きです。

ズバッと直接的な言葉で表現するのではなくて、想像をかき立てさせる世界ですよね。

奥さんへのラブレターのような高村光太郎の『智恵子抄』や、その文章からも素直な人柄が伝わる石川啄木の『一握の砂』なども読みました。『雨ニモマケズ』の宮沢賢治も素朴な感じがいいですよね。宮沢賢治は最大の理解者だったのに若くして亡くなってしまった妹さんを思って書いていたと聞いて、それを知るとせつない気持ちになります。

私は以前、詩人の柴田トヨさんの生涯を描いた映画『くじけないで』に、柴田さんの子供時代の役として出させていただいたことがあります。その時、柴田さんの詩を読ませていただいたのですが、とても心があたたまり、元気をもらえる詩でした。

日本人は奥ゆかしさを尊重する文化で、はっきりとわかりやすい表現だけではなくて、裏に隠された感情をくみとって大切にしようというところがありますよね。たとえば俳句だったら、五七五という少ない文字数で季語を使ったりして、季節感やその場の情景を感じさせているし、短歌だったら、たった三十一音の中に、掛詞《かけことば》などを駆使して思いを込めています。多くを語らないけど、その一語でいろいろ想像して感じる、それは人によって違うのかもしれない、でもそれでもいい、というような趣のある日本語の文化が私はわりと好きなんです。

『高野聖』泉鏡花

『破戒』『夜明け前』島崎藤村

ちょっと詩的な雰囲気で言葉が美しいといえば、泉鏡花の『高野聖』もそうでした。山の中でお坊さんが美女に出会って不思議な体験をするという、ちょっとホラーファンタジーのような作品です。使われている漢字も難しくて、読むのは大変でしたが、文章がキラキラしているというか文体が独特で綺麗なんですよね。

島崎藤村の『破戒』や『夜明け前』は、すごく重い作品でした。『破戒』は「戒めを破る」……。簡単に感想を言える作品ではないのですが、これから自分が成長していきながら読み返す中で、感じることも変わっていくのかなと思います。

私は、文学史に残る作品をできるだけ読んでおきたいと思って、図書館で借りてきたりしました。手に取って、一見とっつきにくそうに見える作品もあったけど、読んでみると、登場人物は今の時代と変わらない不安や悩みを抱えていたりして、共感できる部分がこんなにあるんだな、と感じました。

最近は、こうした有名な文学作品をまんがや簡単なストーリーにまとめた本も出されています。「これは難しそうだな」と思う本は、最初にまんがやそういった本であらすじを知ってから、原作にチャレンジしたりもしました。そうすると入りやすかったです。

「難しいから無理」なんて苦手意識をもたずに、まずはそういった自分の入りやすい入り口から入ってみるのもよいのかも。また新しい世界が広がっていくと思います！

太宰治より私は芥川龍之介派！

色でイメージするのは、「黒っぽい世界観の太宰」、「白っぽい世界観の芥川」

『蜘蛛の糸』
芥川龍之介

本好きな友達とよく議論になるのが「芥川龍之介と太宰治、どっちが好き？」というテーマです。どちらが好きかといえば、私は芥川龍之介派です！

太宰治の作品は、深刻で陰がある感じがするんです。なんでそんなに卑屈になるんだろう、みたいな登場人物が多くて。でも、そのマイナス感がいいって人もいますよね。人間の弱いところを突かれて逆に教訓になる、と。その「人生に悩んでいる感じ」や「途方に暮れている感じ」が太宰好きの方にはたまらないんだと思うのですが、私は、言いたいことをスパッと切り取って物語にまとめてしまう芥川が好きです。

私が初めて出会った芥川龍之介の作品は、小学6年生の時に読んだ『蜘蛛の糸』でした。

人は極限状態で「自分だけよければいい」って考えてしまうこともあると思うんです。周りのことなんて考えられない、自分だけは助かりたい、って。でも、このお話のお釈迦様のようにきっと誰かが見ていて、それは自分に返ってきてしまうのかもしれない……。すごく短い話なのにすごく心に残りました。

『杜子春』も、「ほんとうの幸せってなんだろう」と考えさせられます。『羅生門』『鼻』『英雄の器』なども人間の教訓が絶妙に詰まっていますよね。

太宰の作品は色で例えると、青とか黒っぽい暗くてドロドロした世界観が浮かぶのですが、芥川の作品はすっきりとした白っぽい感じです。白い世界で人が動いていて、ほとんど色がないようなイメージ。その世界観も好きなんです。

そして、芥川は孤高の人という印象だけれど、太宰はいろんな人を巻き込んでしまうタイプって気がします。それぞれの作品を読んでみて、この二人の作家はどんな人だったのかな?って想像すると、私はそんなふうに感じるんです。うーん、でも太宰のその面倒くさい感じも人間ぽくて、やっぱり気になっちゃうのかな……(笑い)。

●戦争について考えるきっかけに●

あたりまえのように平和に生きていられるのは、ものすごく幸せなこと

『ガラスのうさぎ』

高木敏子　金の星社

戦争について書かれた本として、小学4年生の時に初めて読んだのが、『ガラスのうさぎ』でした。この平和な日本で、こんなことがあったなんて……ととてもつらく

なりました。

第二次世界大戦中、12才の主人公・敏子は家族を空襲で失ってしまい、たった一人で生きていく姿が書かれています。

もしも私が一人になってしまったらそんな状況で彼女のように強く生きていくことができるのだろうか、自分だけが生き残ったことで罪悪感を抱いてしまうのかもしれない……など、考えさせられることがたくさんありました。

今、私たちがあたりまえのように、何事もなく平和に生きていられるのは、実はすごく幸せなことなんだと改めて感じます。

平和な時代に生まれたからこそ考えさせられました

『永遠の0』
百田尚樹　講談社文庫

この本を読み終わった時、言葉では言い表せないほど、強い衝撃を受けました。『永遠の0』のように、直接戦争に行った人の話を読むのはこの作品が初めてでした。何よりも、「戦争に行ったすべての人たちには、それぞれの人生があって、それぞれの家族がいる」という事実を、強く感じました。

この小説は、第二次世界大戦の時に特攻隊で戦死した海軍の航空兵と、その数十年後、「特攻隊員だった祖父が、どんな人物だったのか知りたい」と、かつての祖父の知人や戦争時代の航空兵仲間たちに会いに行く彼の孫たちの物語です。

今、私は平和な時代に生まれて、戦争についてよく知らないまま生きてきました。もちろん、学校の授業でも勉強しましたし、毎年8月15日の終戦記念日近くになると、いろんなテレビで過去の戦争のことを報じているので、「日本は昔、戦争をしていた」という歴史については、知っています。

でも、どこか遠い昔に起こったことのような気がして、「ほんとうにこの国で起こったこと」という実感はわいていなかったように思います。日本以外では、いまだに戦争がたくさん起こっていて、同じ人間同士が殺し合いをしているという事実も知ってはいたものの、やっぱり「戦争は、どこか遠い国で起きているできごと」という感覚でいたような気がします。

ところが、『永遠の0』を読み、どんな思いで特攻隊員たちが戦闘機に乗り、戦地に向かっていったかを想像すると、とてもつらくなりました。

今まで、私自身は自分の人生で「死」と隣り合わせになったことがなかったので、「もし、自分が戦争に巻き込まれてしまったら？」「もし、大切な家族や友達が、戦争で死んでしまったら？」と考えただけで、心が苦しくなってしまいました。

戦争によって家族や友達を失ったり、その人たちの人生が大きく変わってしまったりするおそろしさを感じました。

よく、「この戦争では〇万人以上の人が亡くなりました」「この攻撃で〇万人の人が命を落としました」などという表現を聞くことがあります。以前は、そういうところで見聞きする「〇万人」という言葉を、「数字」としてとらえていた部分もあったと思います。

でも、この本を読んだら、「〇万人」の一人ひとりに家族がいて、大切な人がいて、それぞれに夢があったんだ……と現実のこととしてその重さを感じられるようになりました。

人はロボットでもモノでもないのだから、死ぬかもしれないし、けがするかもしれない。戦争が起きれば、誰かがそこに行って戦って、誰かを傷つけたり、誰かに傷つけられたりすることになってしまう。そして、たくさんの人生が一瞬で壊されてしまう。ほんとうに残虐なものだと思います。

この本を通じて、戦争について深く考えるきっかけになりました。

●海外文学　答えは一つじゃないはず●

相手を思う気持ちと受け入れる気持ち
それこそが最高のプレゼント

『賢者の贈り物』
オー・ヘンリー

ほんとうに素敵なお話で大好きです。

クリスマス・イブに、貧しい夫婦が相手へのクリスマスプレゼントを手に入れるために、それぞれある行動をとります。結果的には、そのプレゼントはお互いが思っていた通りには使ってもらえなかったけれど、「どうして?」と相手を責めるのではなく、「自分のためにしてくれたんだ」と愛情を感じてうれしく思える、そういう考え方が素敵だなと思います。

「自分の大切なものを投げ打っても、誰かにつくしたい」

そしてその思いがたとえすれ違ってしまっても、相手の気持ちに寄りそえる。それができるこの夫婦の関係は、うらやましいです。

このお話を読むと、二人のお互いを思う心が、あたたかい気持ちにしてくれて、「何をもらうか」ではなく、「気持ち」が大切なんだと改めて気づかせてくれます。

私も、「その人のために自分ができることって何だろう?」、そう考えて行動できるようになりたいと思いました。

中身を見ずに外側だけで判断してしまうそんな人への警鐘かもしれません

『変身』

カフカ

ある朝、目が覚めると、大きな「毒虫」に変わってしまっていた男性の物語です。最初は心配してくれた家族も、次第に邪険に扱うようになっていきます。

形や外見が変わってしまったら、それまでのように大切に思えなくなってしまうんだろうか、人の気持ちってそんなに変わってしまうものなんだろうか、ってショックでした。

この物語は、「人を形で判断していませんか？　ちゃんと相手の中身まで見ていますか？」という警鐘のように思えます。

さらに、もしかしたら、「毒虫」は形だけに限らず、もっと広い範囲の比喩が込められているのかもしれません。相手の立場や肩書、能力……、そんな都合のよい視点で、人は判断が揺れ動いて、気がつかないうちに、人によって態度を変えてしまうのかもしれません。

これもいろんな教訓を含んだ話だと思います。人の心理の怖さを感じ、外見だけに惑わされずに正しい判断ができるようになりたい、心からそう思いました。

正義とは？　何通りもの答えがあるのかもしれません

『レ・ミゼラブル』

ヴィクトル・ユーゴー

「人生のあらゆる要素が詰まっている物語だな」と読み返すたびに、感じる作品です。最初に読んだのは、小学3年生の頃、『あぁ、無情』という子供向けに書かれた本で、その後、原作を読みました。

舞台は革命前のフランス。元囚人のジャン・ヴァルジャンが、盗みを働こうとしたところ、司教様に助けられます。そのやさしさに触れて「今後は人のためになることをして生きていく」と誓った彼の生き方には心を打たれます。

ジャン・ヴァルジャンは司教様に出会えて改心できました。もし、警察に突き出されていたら、悪人として生き続けていたかもしれません。

有島武郎の『一房の葡萄』という話にも「こんな先生がいたらいいなあ」と思う素

晴らしい先生が出てきました。その先生もある男の子がしたことを怒らず、受け止めてくれる。頭ごなしに怒られたり罰せられたりするのではなく、自分自身で悪いことだったと気づいたほうが罪悪感を強く感じて戒めになるんだと思います。

人との出会いは運命を変えてしまうんですね。身寄りのないコゼットもジャン・ヴァルジャンが助け出してくれなかったら、どんなことになっていたか……。

私自身、「この友達に出会わなかったら、私はこういうふうにはなっていなかったかもしれない」と思うことがあります。出会う時間も場所も人も、無限に可能性がある中で、その人とそこで出会えたこと。それって、やっぱり運命ですよね。

そんな運命の中で、ジャン・ヴァルジャンはコゼットを救うためにたくさんの嘘をついてしまいますが、それは誰かを守りたいためにつく悲しくもやさしい嘘なんです。

長年に渡ってそんな彼を執拗に追い続けるジャヴェール警部は、自分の生き方の正しさっていうのがしっかりと彼の中にはあって、ジャン・ヴァルジャンを逮捕しようとします。でも次第に、自分が追い求めていた正義は違うような気がしてきて……。

私は、多くの登場人物の中でもこのジャヴェールのキャラクターが好きなんです。自分は固定観念にとらわれていたんじゃないかって疑念がわき、自問自答しながらも、最後には自分の間違いを認めることができた人なんですよね。しかし悲しい結末になってしまいましたが……。

ジャン・ヴァルジャンは確かに悪いことはしているんだけど、果たしてほんとうに悪いのだろうかって、角度を変えてみると考えてしまいます。

たとえば、同じ言葉であっても聞く人によって全然違って聞こえることがあります。ある人からすれば悔しい話も、別の人からすれば「なんで悔しかったの？」って思うこともあるだろうし、ある人が経験した悲しい話も、別の人には「どこが悲しいの？」ってなるかもしれません。

この『レ・ミゼラブル』はいろんな立場の人が登場するので、どれが答えかわかりません。角度を変えて考えれば考えるほど、いろんな考えが浮かんできます。でも、だからこそ世界や世代を超えて読み継がれる傑作なんだろうと思います。

●そしてこれからも……●

何の夢だったか思い出せない かげろうのような読後感

『海辺のカフカ』

村上春樹　新潮社

第1章でもご紹介したように、初めて読んだ村上春樹さんの作品『騎士団長殺し』にあまりにもハマってしまったので、村上春樹さんの2作目として、先日読んでみたのが『海辺のカフカ』です。

読み終わった後のこの感じは「夢を見ていたのにどんな夢だったのか思い出せない、もどかしい気持ち」に似ています。「煙の中で何かをつかんだけれど、手を開いてみたらそこには何もなかったという不思議な気持ち」ともいえるかも……。

日常の中にちょっと奇妙なことが起こって、お話は終わってしまうけれど、その日常は続いていく感じ。「いろんなできごとがあってもなくても、きっとそうなる運命で、その登場人物自身は一見何も変わっていないようだけれど、物語の中の経験を通じて、何かが変わったんだろうな……」と感じるような、かげろうのようなゆらゆらした物語。そんな印象を受けました。

最後のページまでいっても、謎も残っているんです。登場人物たちも、「あの人はほんとうはこうだったのかも。いや、違うのかも」と。文中にもありましたけど、「仮説」を残したまま物語が終わってしまいます。

あと、村上春樹さんの2作を読んでいると、登場人物は自分から物事や事件に突っ込んでいくというより、向こうから何かが寄ってくるんです。でも、周りでいろんなことが起こっても動じない。例えるなら、最初は台風の目の外側にいたのに、いつのまにか台風に巻き込まれていく。そして、いつのまにか台風の中心に到達している感じです。周りはざわざわしているのに、中心は晴れていますよね。でも同じ無風状態でも、物語の始まりの時とは、まったく違う状況にいるんです。

文章や構成も、すごく変わっていて気になります。文章に傍点がついて強調されていたり、文字が太くなっているところがあったり。そこに引っ張られて、「きっと後で何かにつながるに違いない」と思って読み進めても、わからないままだったり……。その不思議なモヤモヤも決していやな感じじゃないんです。

うーん、この感覚を言葉で説明するのは難しいですね。やっぱり読んでみていただくしかないのかな（笑い）。

私もこれからもっと、村上春樹さんの短編や初期の作品なども読んでみたいです。

Mana's Album 3

6才　小学校入学式の日

人物事典
2345
Tamagawa
東京ネイチャー

Mana's Album 4

たくさんの本に囲まれてワクワクします！

いろいろ教えてもらいたい！論理的で何かを極めている人に憧れます

湯川学

『探偵ガリレオ』 東野圭吾　文春文庫

「天才物理学者の湯川学が、誰が見ても不思議な超常現象のように感じてしまう事件を、物理学や雑学の知識を使って論理的に解決していく、テレビドラマや映画にもなった人気シリーズ。湯川はインテリ風の端整な容姿のメガネ男子でクールでマイペース。スポーツも万能で特にバドミントンの腕は相当なもの。事件に興味を示した時の口グセは「実におもしろい」。」

どんな難事件も解決してしまう姿は、読み返すたびに、「かっこいいなぁ」と思ってしまいます。

ただ、私が湯川先生のファンだというと、友達や周りの人からは「え、なんで？

湯川先生って、ちょっと変わってるよね」と言われてしまうことが多いのです。

確かに、人当たりがよい人ではないし、ドライと思われがちで、ちょっと常識知らずな人にも見えます。

でも私は、ちょっと偏屈だとしても、論理的な人にすごく興味を引かれてしまいます。私自身が実は、あまり論理的に物事を考えられるほうではなくて、時々しっちゃかめっちゃかになってしまうので、湯川先生みたいに、どんな時でも冷静に、理路整然と物事を考えられる人はすごいなあと憧れてしまうんです。

それに、私は新しいことを知りたがるタイプなので、専門的な知識を持っていろいろ教えてくれる人とお話しするのもすごーく興味津々なんです。

この前も、ある気象予報士さんと対談をさせていただく機会があったのですが、私が日ごろから抱いていた「雲はどうやってできるのか」といった素朴な疑問に始まり、「日本で1回しか見られたことのない気象条件の雲」まで教えてもらえて、ほんとうにおもしろかったです！

こんなふうに、論理的な人や何か一つのことに打ち込んで極めている研究者の方たちを、ほんとうに尊敬してしまいます。

二人のバランスが魅力的
内人の芯の強さに共感します

内藤内人

『都会のトム&ソーヤ』　はやみねかおる　講談社

「一見平凡だけど一度決めたらとことん立ち向かう中学生の内藤内人と、クラスメートでクールな秀才の竜王創也が、究極のゲームを作ることをめざして、冒険へと繰り出します。内人は、普段は毎日の塾通いで寝不足気味だけれど、いざとなると、幼い頃に祖母から教わったさまざまな知恵を使って、どんな局面も切り抜けていくサバイバル能力を発揮。」

第2章でも書いていますが、このシリーズは大好きで、小学校のクラスでは友達ともよく話題にしていました。

その場の機転からトラブルを切り抜けていくサバイバル能力のある内人と、お金持ちでクールで大人っぽい創也。それぞれに魅力があって、個性の違う二人のバランスがすごくいいんですが、私はどちらかというとこのシリーズの中では内人のほうが好きなんです。

内人は、「考えるよりも、まず行動」という性格で、いざピンチに陥った時の適応力もあって、頼りがいがある人。何か問題にぶつかっても、一度決めたことは、最後までとことんやろうとする性格で、意志が強いんです！

私自身もかなり負けず嫌いで、目標を途中であきらめたくはないなって思っているので、そんなところも共感してしまいます。

ちょっと軟弱っぽいけど憎めない「愛されキャラ」

片山義太郎

『三毛猫ホームズの推理』 赤川次郎 角川文庫

刑事の片山義太郎が捜査に行き詰まると、ひょんなことから義太郎の飼い猫になった「ホームズ」が不思議な行動をとったりします。そして、解決の糸口を与えてくれて、一緒に事件を解決していくシリーズ物語。義太郎は身長180センチ以上あるのに、やさしそうな顔や、なで肩なので、物語の初めの頃は「お嬢さん」なんて呼ばれています。

この義太郎が、とってもいいキャラクターなんです。

刑事なのに血が苦手だったり、お酒が苦手で飲むと倒れてしまったり……。「かっこいい完璧なヒーロー」ではありません。普段からびくびくしていて、ちょっと弱々しいところがあったりして、こっちがハラハラしてしまうこともあります。温厚でやさしいので、その人柄からいろんな人に助けられることも多く、女性恐怖性なのに、かかわった女性からはいつのまにか好かれていたり……。

こう書くと軟弱な感じもあるのですが、いざという時は、自分の体も張って、やるべきことは最後まできちんと行う責任感もあります。

ほんとうに作品の中から性格のよさがにじみ出ている人で、憎めない「愛されキャラ」っていうのはこういう人のことを言うんだろうな、と思ってしまいます。

女の子が戦いに巻き込まれないように守ってくれるやさしいイケメン侍

玄之介

『あかんべえ』　宮部みゆき　新潮文庫

「12才の少女・おりんちゃんは料理屋の娘。病気で生死の淵《ふち》をさまよってから、おばけが見えるようになりました。それゆえに、彼女は幽霊たちが引き起こす事件に、巻き込まれてしまいます。玄之介は若い侍の幽霊ですが、おりんちゃんはこの幽霊に出会った時、「美男子だったらあんまり怖くはないものだ」なんて言ってます。」

幽霊が出てくるといっても、この物語はホラーのように怖い話ではなくて、ファンタジー時代小説なんです。

玄之介さんは侍の幽霊で、しかもイケメンという設定！　幽霊たちのトラブルで困ってしまったり寂しい思いをしたりしているおりんちゃんの側に現れ、何かとやさしく励まして元気づけてくれます。そして、幽霊同士の戦いが起こりそうな時には、おりんちゃんが巻き込まれないように守ろうとします。

あと、私はよく笑う人が好きなんですが、玄之介さんは幽霊でも人を恨んだりしていなくて、ほがらか。生きていた時は女の人たちにもかなりモテたようです。やさしく人を思いやれる気持ちを持った、筋の通った武士らしい玄之介さん。かっこいいなあと思います。

厳しいけれども、実はあたたかい不器用なツンデレぶりに、グッときます

堂上篤

『図書館戦争』 有川浩 角川文庫

「メディアに検閲がかけられる近未来日本。唯一「図書隊員」と呼ばれる図書館専属の軍事組織だけがその規制対象から外れ戦うことができるのです。主人公の笠原郁は、小さい時に大切な本を奪われそうになったところを、ある図書隊員に助けてもらったことから、彼に会うことを夢見て、図書隊員になることを決意します。郁の指導教官になるのが堂上です。」

この本には、魅力的な人物が何人も登場するのですが、中でも「堂上教官」と「小牧教官」と「手塚くん」のうち誰が好き?って話を友達とよくしていました。

私はだんぜん、郁の厳しい指導教官・堂上篤教官です!

部下である郁のことをすごく心配しているのに、それがうまく伝えられない。そんな不器用な性格が、ツンデレな感じで、とてもかっこいいんです。

責任感が強くて、とにかくまじめ。いつも仏頂面で、とっつきにくそうですが、やさしい面を時々見せたりすることもあって。郁のことをしょっちゅう怒っているのも、それは成長してほしいという強い思いがあるからこそっていうのが伝わります。

「いつもやさしくて大人な感じの小牧教官のほうが好き」とか「手塚くんの一生懸命な感じがいい」って友達もいて、そこでよくもめましたね（笑い）。

『図書館戦争』は、実写映画化もされていますが、キャスティングがあまりにイメージにぴったりでうれしかったです。

命を失いかけている彼女のために寄りそい思い続ける純粋な高校生

松本朔太郎

『世界の中心で、愛をさけぶ』　片山恭一　小学館

中学で同じクラスになってからお互いを知っていてなんとなく気になっていながら、高校になって恋人同士になった朔太郎（サク）と亜紀（アキ）。幸せな日々を送る中、ある日突然、アキが白血病に侵されていることがわかります。元気で明るかったアキの病状は次第に悪化していき、彼女の願いをかなえるために、サクはある行動をとるのですが……。

これは、この男の子が好き、というより、彼女との深い関係性がとても愛おしく感じられます。無人島に遊びに行って二人だけの時間を過ごすラブシーン（?）もいいんですよね。

入院しているアキの病室で、サクとアキの二人がやりとりをするシーンも印象に残っています。そのシーンからは、「大好きな人と、もうすぐ離れ離れになってしまうかもしれない」「自分の力では何もできない」といったそれぞれの悲しみや、どうしていいかわからない気持ちが伝わってきて、せつなくなります。

命を失いかけているアキのために、彼女のことをひたすら考えて、少しでも一緒にいたいと願うサクの純粋な気持ち、そして弱っていく自分もつらいのにサクを悲しませたくないアキの気持ち、こんなにお互いのためを思いやることができるなんて、なんて素敵なんだろうと思いました。

一方で、もし自分の大切な人が、こんな重い病気にかかってしまったら、どうしたらいいんだろう。誰も悪くないのに病気に襲われてしまったら、自分は受け止められるだろうか……という思いが、胸をよぎりました。

私の人生の中で、「死」というものを深く意識したことは、これまでなかったかもしれません。でも、この物語を通じて何度も何度も考えたのが、「好きな人が亡くなってしまったら自分はどうするんだろう」そして、「生きるとはどういうことか」という問いかけでした。

仕事もできて気配りのできる繊細さお手本にしたくなります

有科香屋子

『ハケンアニメ！』辻村深月　マガジンハウス

アニメプロデューサーの有科香屋子《ありしなかやこ》は、伝説のアニメ監督を口説き落として、一緒にアニメ作品を制作することになったのですが……。「モデルみたい」と言われる容姿ながら「会社で2時間しか寝てない時だって山ほどある」という有科。アニメ業界において「覇権《はけん》」を取るため、厳しくもやりがいのある仕事に奮闘する制作現場の様子が描かれています。

私は、仕事ができたり、自分で生きる道を切りひらいていったりするような女性を見ると、かっこいいなあと思ってしまいます。

アニメ制作の現場で奮闘する有科さんの姿はまさに憧れです。しかも彼女を尊敬してしまうのは、仕事をがんばるだけでなく、いつも人のことを考えて細やかな気配りができる繊細さを持っているところです。

「あの人はこう思っているんだろうな」「この人は、こういうのは嫌がるだろうな」という他人の気持ちを想像してから、有科さんは行動しています。そして、それを頭の中で考えるだけではなく、実際に行動に移せるからこそ、すごいんです。

私も「この人はこう考えているんじゃないかな、こうしたほうが喜ぶのかな」と、相手の気持ちを考えるように心がけてはいるのですが、なかなか難しいなあと思うことも多いです。

だから、もし有科さんが身近にいたらお手本にしたいな、相談したいな、なんて思ってしまいます。

スカーレットのような自立した女性にいつかなりたいです

スカーレット・オハラ

『風と共に去りぬ』マーガレット・ミッチェル（鴻巣友季子／訳）新潮文庫

アメリカ南部のアトランタで生きる、美しく気性の激しい農園主の娘・スカーレット・オハラ。夫を戦争で失ったり、ほんとうに思いを寄せる人とはすれ違ってしまったりして、何度も絶望におちいりながらも、一家の当主となってたくましく時代の波と運命に立ち向かっていく、壮大な半生が描かれています。

この作品を読んで、まず、「スカーレットは、なんて強い人なんだろう！」と衝撃でした。

美人でお金持ちで、プライドの高いスカーレット、スカーレットは、周囲の人になんと言われようとも、自分のやりたいことは、強い意志で貫き通してしまいます。自分のことばかり考えているように見えても、「自分はこの家の長だ」という責任感を持って、家族や故郷を守るために、さまざまな手段を思いついては実行します。その大胆な行動力は、すがすがしいほどです。

自立していて、「自分」というものを強く持っている人。目標のために、「何をしなければならないのか」をきちんと見据えて、ブレずに行動できる人。そういう人は、男の人でも女の人でも、かっこいいなと思います。

『風と共に去りぬ』の主役・スカーレットは、まさに私が憧れる「ブレない人」そのものでした。

私自身は、他の人から影響を受けやすいタイプです。誰かがふと言った言葉から、「それってどんな意味かな？」と考えすぎてしまう癖もあります。だから、スカーレットのように、周囲に惑わされず信念を持ち続けられる人がうらやましくもあります。

私はまだ見たことがないのですが、映画の『風と共に去りぬ』も今度、ぜひ見てみたいなって思っています！

家族を守るけなげな次女
小さい時から大好きでした

ジョー・マーチ

『若草物語』ルイザ・メイ・オールコット（矢川澄子／訳）福音館書店

「南北戦争時代のアメリカで、従軍牧師で出征している父の無事を祈りながら、やさしい母と仲むつまじく暮らすマーチ家のメグ、ジョー、ベス、エイミーの4姉妹。次女のジョーは、ボーイッシュでちょっと短気なところもあるけれど、一家の生計を助けています。そして、本が好きで、作家をめざして自分でも作品を書いています。」

４人姉妹が、それぞれ違う性格を持つ中、私がいちばん好きだったのは次女のジョーです。

ジョーは４人のうちで、いちばんボーイッシュなキャラクターです。

立ち居振る舞いはサバサバしていて、男の子がいない一家の中で、自分自身を「マーチ家の息子」と呼び、いつも「自分が家族を支えなくてはならない」という意識を強く持って、家族を一生懸命引っ張っていこうとします。

ほんとうは弱いところもあるのに、家族のために「強い自分でいなくちゃ」とがんばるジョーの姿はけなげです。

また、彼女は、家族や姉妹を守るために、思いきった行動をとることもあります。中でも、家族のために、彼女が自慢にしていた長い髪をバッサリと切って、お金に換える……というシーン。家族のためなら自分が大切にしていたものを投げ打つこともいとわないジョーの姿を見て、「なんてかっこいいんだろう」と尊敬しました。

最初にこの物語を読んだのは小学2年生くらいの時で、当時はよくお友達と、『若草物語』の人物になりきって、おままごとをしていました。4人姉妹の中で、私がきまって選ぶのはジョーの役!

「大好きなジョーみたいになりたい」という気持ちは、そんな幼い頃から、今も変わらずに持ち続けています。

モロい部分があるほど、強く見せようとするそんな繊細さに人間味を感じます

赤羽環

『スロウハイツの神様』　辻村深月　講談社文庫

人気作家やまんが家、映画監督のタマゴなど、若手のクリエーターたちが住むシェアハウス「スロウハイツ」。その家主は人気の若手脚本家・赤羽環。それぞれに夢に向かって進もうとする彼らの共同生活を描いています。環は「気の強い猫のような、真ん丸い瞳」でおしゃれだけれど、それはまるで誰かに負けないための武装のようでもあります。

誰に対しても強気に振る舞う環さんは、一見、とても強くて怖いものなしの人と思われます。でも、それはあくまで「かっこよく見せよう」としているだけで、実は内面には弱い部分を抱えているということが次第に明らかになっていきます。

彼女は人気の脚本家ですが、自分の母が犯した罪やその半生を描いた脚本で有名になりました。それは世間から評価される一方で、「自分の母親のことをあんなふうに書いて……」と批判も浴びますが、本人は勝気な態度を崩しません。

母親への思いや、つらかった過去など、触れてほしくない部分があるからこそ、自分を装うことで、心をガードしている。そんなモロくて繊細な部分を持ちながらも、強く生きていこうとする環さんは、とても人間らしくそれも魅力的に感じます。

『まんぷく』の福ちゃんみたいに大切な人を支えてあげられる強さ

林香具矢

『舟を編む』 三浦しをん 光文社

出版社の辞書編集部で一冊の国語辞典が作られていく物語。主人公は営業部員から編集部員に引き抜かれた馬締光也。粘り強さと言葉に対するセンスで才能を発揮していきます。ある日、彼の下宿先にやって来た大家さんの孫娘が林香具矢《かぐや》。板前修業のため、京都から東京に移り住むことになったのです。

言葉に対する執着心は飛び抜けているけれども、人づき合いはあまり得意じゃないし、いつも辞書のことばかり考えている馬締さんにとって、香具矢さんは、心を許して話ができる数少ない理解者です。

お互い惹《ひ》かれ合い、やがて二人は結婚し、その後の人生に渡って、香具矢さんはずっと彼を支えていきます。

長年に渡って、旦那さんを献身的に支えてあげるやさしい香具矢さんを見て、「なんて素敵な奥様なんだろう！」と憧れてしまいます。

板前見習だった香具矢さんは、物語の最後では自分自身の夢もかなえています。

私が語りをさせていただいた連続テレビ小説『まんぷく』（２０１８〜２０１９年、ＮＨＫ）の福ちゃんもそうですが、大切な人をしっかりと支えてあげられる女性は、やっぱり自分も芯が通っていて自立した強さがあるんだと思います。

epilogue

本がつないでくれるコミュニケーションや出逢い

この本を読んでくださって、ありがとうございます。

今回、この本を作るためにこれまで読んできた本を読み返して、昔はわからなかったことに気づいたり新たな発見があったりしたのも、すごく楽しかったです。

いつもは本を読む側で、本を作る側になるのは初めての経験でしたが、自分でたずさわってみて「一冊の本ができるまでには、こんなにいろんな作業を経ているんだ！」とわかりました。

ページには限りがあるので、これまで読んできたたくさんのお気に入りの中からどの本を紹介しようかリストにあげながら頭を悩ませたり、その本をもう一度読み返したり、私の思いはこれで伝わってるかな？と何回も原稿を確認したり、表紙はどんな感じにしたいか考えたり……。

私が手に取ってきた本たちも、こんなふうに作られてきたのかな、と知ることができて、ますます一冊一冊を大切にしたいと思いました。

今回、改めて本と向き合って、そして本を通して自分を見つめることにもなって、とてもよい機会をいただけたと思っています。

ここまでにもお伝えしてきたように、私にとって、本がない人生なんて考えられなくて、本を読むことで文字が知識となって残るだけではなく、自分の体の中に無意識のうちに登場人物のいろんな経験が疑似体験したように積み重なっているのかな、と思います。そんなふうに本と一緒に人生を歩めていることをとてもうれしく感じます。

もし、小さい頃の自分に声をかけるとしたら、

「これからも本を読み続けて、もっともっと本を好きになってね」

と言ってあげたいです。

私は、小さい頃に一緒に本を読んでくれたり、本を読める環境をつくってくれたりした両親にとても感謝しています。本って「一人で黙々と読むもの」だと思われがちですが、実は、人と人をつないでくれるコミュニケーションツールだとも思うのです。読み聞かせが親子のコミュニケーションになっていたり、私も友達と好きな本の話で盛り上がったりしますし、今回、山中伸弥先生と辻村深月さんにお会いしてお話ができたのも、きっと本を読んでいたおかげです。本を読んでいなかったら、こんな機会をいただけることもなかったかもしれません。

私にとって憧れのお二人にお会いできて、ほんとうに感謝の気持ちでいっぱいです。

山中先生がノーベル生理学・医学賞を受賞されたことで、私自身、科学にさらに興

味がわいて、ずっと憧れの方だったのでお目にかかりたいと思っていました。山中先生が読んでいらっしゃった本のお話も聞かせていただいて、私が好きなのと同じ本があったのもうれしかったです。京都大学iPS細胞研究所内を見学させていただくというとても貴重な経験もさせていただきました。

辻村深月さんは、私にとって神様みたいな方なので、実はこれまでもずっと「お会いしたいけど、会ってしまうなんてとんでもない！」と思い続けてきたんです。でも今回、私の大切な本を紹介していく中で、やっぱりどうしてもこの機会にお話しさせていただきたい、と思いきってお願いして夢がかないました！

お二人にお会いする前はちょっと緊張していましたが、お会いしてみたら、私の質問もやさしく受け止めてくださり、とても貴重で素晴らしいお時間をいただけました。そして、ご自分の好きなことをお仕事にされて、それに打ち込んでいらっしゃるお姿はとても印象的で、素敵だなと思いました。

こうやって、世代や立場が異なる人同士でも、「本」を通じてつながることができるんだ、とこの本を作る中で強く感じました。

これからも、本がきっかけで出会ったりつながれたりする人たちがいるのかなって考えるとそれも楽しみです。

もし今の私が、大人になった自分（イメージするのは30代の私です！）に伝えたいことがあるとしたら、

「30代になったら、いろいろ忙しくて生活に追われてしまうような毎日かもしれないけど、それでも、『中学生の時にはこんな本を読んだなぁ』とか、『今読んでるこの本おもしろい！』って、やっぱり本が好きでいてほしいな」

と思います。

考えれば考えるほど、本の楽しみ方って無限大ですよね！

この本を通じて、皆さまにも、また新しい本との出逢いがありますように。そして本が新たな世界へ連れて行ってくれることを、私も楽しみに願っています。

最後になりましたが、この本にたずさわっていただいたすべての方たち、そしてこの本を読んでくださったすべての方たちに改めて感謝申し上げます。

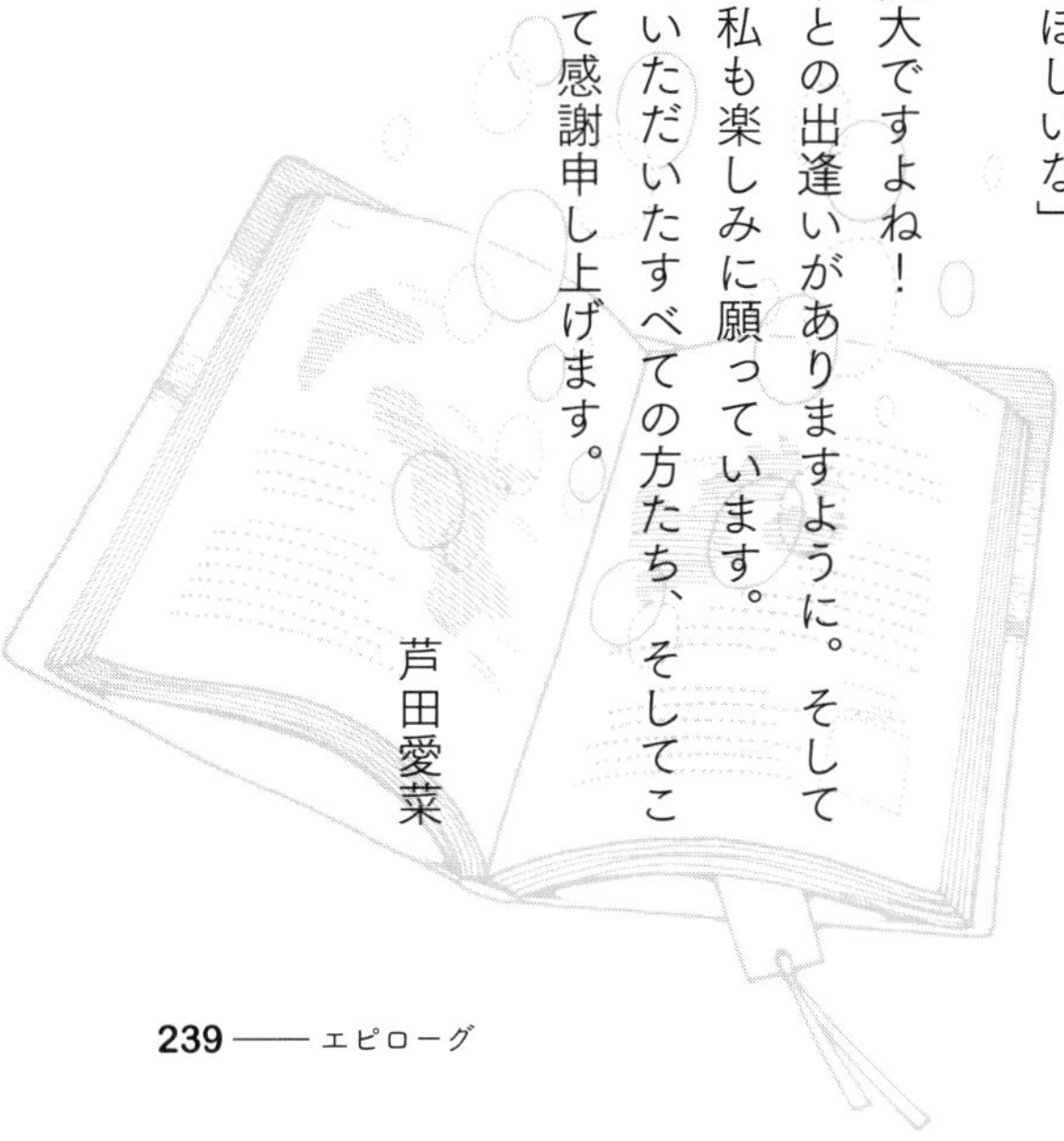

芦田愛菜

まなの本棚

2019年7月23日　初版第1刷発行
2019年8月10日　　　第2刷発行

著　者　芦田愛菜
発行人　森 万紀子
発行所　株式会社　小学館
〒101-8001　東京都千代田区一ツ橋2-3-1
電話：編集　03-3230-5949　　販売　03-5281-3555
印　刷　大日本印刷株式会社
製　本　株式会社若林製本工場
DTP　株式会社　昭和ブライト

撮影　木村直軌（表紙カバー裏面、帯、P214〜215）、
五十嵐美弥（表紙カバー表面、P159〜179）、横田紋子（P101〜119）
ヘアメイク　久慈拓路（芦田愛菜）、藤島達郎（辻村深月さん）
スタイリング　浜松あゆみ
撮影協力　クラブライブラリー（日本出版クラブ）

タレントマネージメント　ジョビィキッズ

装丁　ohmae-d
イラスト　鍵本陽子（表紙、扉、P123、239）
まんが　MUGENUP（イラスト 藤本美希、イラスト制作進行 岩重かをる）
構成　藤村はるな、吉田大助（P158〜179）

販売　中山智子、平 響
宣伝　井本一郎
制作　松田雄一郎
資材　星 一枝
編集　矢島礼子

ISBN-978-4-09-388700-7